Andrea Erkert

Inseln der Entspannung

Kinder kommen zur Ruhe
mit 77 phantasievollen Entspannungsspielen

Ökotopia Verlag Münster

Impressum

Autorin: Andrea Erkert

Titelgrafik: Susanne Szesny

Illustrationen: Yvonne Hoppe-Engbring

Druck: Druckwerkstatt Hafen GmbH, Münster

Satz: Studio Bandur, Bad Camberg-Würges

Herausgeber: BBS – Buchwerk Bernhard Schön, Hünstetten-Ketternschwalbach

2. Aufl., 5. - 7. Tsd., März 1999

Dieses Buch wurde auf garantiert chlorfreiem, umweltfreundlichem Papier gedruckt. Im Bleichprozess wird statt Chlor Wasserstoffperoxid eingesetzt. Dadurch entstehen keine hochtoxischen CKW(Chlorkohlenwasserstoff-)haltigen Abwässer.

CIP-Titelaufnahme der Deutschen Bibliothek
Inseln der Entspannung : Kinder kommen zur Ruhe mit 77 phantasievollen Entspannungsspielen / Andrea Erkert. [Ill.: Yvonne Hoppe-Engbring]. - Münster 2. Aufl. : Ökotopia-Verl., 1999
ISBN 3-931902-18-8

Inhalt

Vorwort

Anfang der 90er Jahre habe ich begonnen, mich mit dem Thema „Entspannung für Kinder im Vor- und Grundschulalter" zu beschäftigen. Es stellte sich bald heraus, wie groß der Bedarf von Eltern und Pädagogen ist, sich auf diesem Gebiet weiterzubilden. Deshalb entstand in Zusammenarbeit mit den beiden Diplom-Psychologen Volker Friebel und Sabine Friedrich bereits im Frühjahr 1993 das Buch „Kreative Entspannung im Kindergarten". Die Nachfrage nach praktischen Erfahrungen und Ratschlägen hat in den letzten Jahren eher noch zugenommen, so dass ich zusätzliche Fortbildungskurse für Eltern und Pädagogen anbiete.

Die Teilnehmerinnen und Teilnehmer an meinen Seminaren berichten immer wieder von der Belastung der Kinder durch vielfältige Umweltreize. Und sie beklagen die Folgen: Aggressivität und Unausgeglichenheit, Konzentrationsmangel bis hin zu Schlafstörungen. Gleichzeitig fühlen sich Erzieherinnen und Lehrer durch Berufsausbildung oder Studium unzureichend auf diese Situation vorbereitet.

Entspannung und Stille-Erlebnisse sind nicht nur für „schwierige" Kinder ein wichtiges Angebot. Alle Menschen haben ein Bedürfnis danach zur Ruhe zu kommen und sich intensiven Erfahrungen mit allen Sinnen öffnen zu können. Die Fähigkeit Ruhe und ein inneres Gleichgewicht zu finden, muss aber auch von uns Erwachsenen erst gelernt werden. Deshalb lade ich Sie ein, sich auch selbst auf die in diesem Buch vorgestellten Übungen und Spiele einzulassen und ihre Erfahrungen mit den Übungen dann an die Kinder weiterzugeben. Es wird sicher auch die eine oder andere Situation geben, in der Sie gemeinsam mit den Kindern ganz neue Erfahrungen machen können.

Die in diesem Buch zusammengestellten Anregungen sind in der Regel mit einfachen Mitteln und kurzfristig umzusetzen, nicht nur in Kindertagesstätten und Schulen, sondern auch zu Hause. Alle Entspannungs-Spiele und Stille-Übungen sind in der Praxis von Erzieherinnen und Lehrern im Kindergarten, in der Kindertagesstätte, in Förderklassen, im Hortbereich sowie von Lehrern im Grund- und Sonderschulbereich erprobt worden.

Das Buch ist aus meiner praktischen Erfahrung in der Tätigkeit als Leiterin eines fünfgruppigen Kindergartens und meiner Fortbildungstätigkeit entstanden, im ständigen Erfahrungsaustausch mit Eltern, Erzieherinnen und Lehrern, vor allem aber den Kindern.

So möchte ich mich in erster Linie bei den Kindern vom Kindergarten Waldheim und Walksteige (Stadt Backnang), vom Kindergarten Hungerberg und Gretel-Nusser-Kindergarten (Stadt Winnenden) sowie den Schülern der Grundschulförderklasse der Schillerschule in Backnang bedanken – und bei ihren Eltern für das in mich gesetzte Vertrauen. Dank auch an die Träger der einzelnen Einrichtungen sowie den Leiter der Tausschule, Herrn Schielke, den Leiter der Schillerschule, Herrn Zipperer, den Schulamtsdirektor, Herrn Maurer vom Schulamt Waiblingen, und Regierungsschuldirektorin Frau Stäbler vom Oberschulamt Stuttgart. Ohne pädagogischen Freiraum wäre manche Aktion nicht möglich gewesen.

Viel Unterstützung habe ich auch durch den Leiter der Fachschule für Sozialpädagogik in Stuttgart, Herrn Rieger, erfahren. Bereits während des Anerkennungsjahres erhielt ich die Möglichkeit, Entspannung bei Kindern einzusetzen und meine Jahresarbeit darüber zu schreiben. Ebenso danke ich allen Kolleginnen, die mir in den letzten Jahren bei den Angeboten zur Entspannung geholfen haben. Meine Eltern haben immer an mich geglaubt und waren mir deshalb eine wichtige Stütze in der Ausbildung und während der ersten Berufsjahre. Mein Lebensgefährte hat sich kritisch und konstruktiv mit dem Manuskript auseinandergesetzt und mir die notwendige Ruhe bei der Arbeit gegeben.

Ich widme das Buch meinem Lebensgefährten und allen „meinen" Kindern, verbunden mit der Hoffnung, dass sie viele Erwachsene finden, die ihnen genügend Ruhe und Zeit geben, um ihre eigene Persönlichkeit entwickeln zu können.

Ich wünsche Ihnen Geduld und Gelassenheit im Umgang mit den Kindern. Sie werden sicher auch bei sich selbst erlebt haben, dass Entwicklungen sich nicht erzwingen lassen. So wie Sie hoffentlich mit sich selbst achtsam umgehen, sollten Sie das auch mit den Kindern halten. Vielleicht können Sie als Motto für Ihr Angebot an Entspannungsspielen und Stille-Übungen das schöne Gedicht von Paula Modersohn-Becker wählen:

Versuch nicht,
Stufen zu überspringen.
Wer einen weiten Weg hat,
läuft nicht.

Das Kind im Alltag

Der Alltag unserer Kinder wird heute von einer ständigen Reizüberflutung bestimmt. Durch das Fernsehen machen viele Kinder nur noch mittelbare Erfahrungen – das Stichwort „virtuelle Realität" beschreibt eine Situation, die eher von „Adventurespielen" vor dem Computer und Trivialserien aus der „Glotze" als von Geländespielen im Wald oder dem selbstvergessenen Bau einer Sandburg geprägt sind.

Viel zu selten haben Kinder in unserer Gesellschaft die Möglichkeit, sich selber auszuprobieren, eigene Grenzen zu erfahren, spielerisch Kräfte zu messen.

Dabei nehmen Kinder im Vor- und Grundschulalter ihre Umwelt ganzheitlich wahr und wollen sie mit all ihren Sinnen erleben. Durch Hören und Sehen, Riechen, Schmecken und Tasten erorbern sie sich ihre Welt, spielend verarbeiten sie ihre Eindrücke.

Das Umfeld, in dem die meisten Kinder heute aufwachsen, bietet ihnen allerdings wenig Möglichkeiten für ein ungestörtes, und phantasievolles Spiel. Besonders Stadtkindern fehlt es an Freiräumen und Gelegenheiten. Vorgeschriebene Ruhezeiten in Wohngebieten, phantasielose Spielgeräte auf Spielplätzen und mit vorgefertigtem Spielzeug vollgestopfte Kinderzimmer verhindern zum Beispiel spontane und kreative Beschäftigung.

In dieser Situation haben Kindergarten, Kindertagesstätte und Hort, aber auch die Schule eine wichtige Funktion. Hier besteht die Möglichkeit, auf das Kind mit seinen Bedürfnissen individuell und als Teil der Gemeinschaft einzugehen und ihm die für seine Entwicklung wichtigen Angebote zu machen.

Familiäre Spannungen, unverarbeitete Konflikte, aber auch materielle Probleme oder fehlende Sprachkenntnisse können dazu führen, dass Kinder mit aggressivem und dominantem Verhalten oder mit Rückzug reagieren.

Kinder verbal zu einem anderen Verhalten aufzufordern wird – wenn überhaupt – in den meisten Fällen nur kurzen Erfolg haben. Entspannungsspiele und Stille-Übungen bieten dagegen eine gute Möglichkeit, Kinder spielerisch zur Ruhe kommen zu lassen.

Wichtig ist es, Kindern sowohl Ruhe- als auch Bewegungsmöglichkeiten anzubieten, bei denen sie ihre Phantasie, ihre Kreativität und ihre Persönlichkeit entwickeln und entfalten können.

Zwischen Reizüberflutung und Zeitmangel

„Wir leben in einer Welt voller Spektakel. Tagtäglich werden wir bombardiert mit Geschrei und buntschillernden Bildern. Jeder fürchtet, seine Botschaft werde überhört in diesem Lärm, also wird seine Stimme lauter, seine Sprache auffallender ... Diese kranke Welt empört mich. Ich suche nach einer Welt, in der die einfachen,

wesentlichen Werte des Menschen nicht verlorengehen. Meine Helden sind das Unkraut, das Gras, der Regentropfen. Auch der Strauch in Nachbars Garten und der Stein am Wegrand. Entdecken und genießen wir dieses kleine Wunder."
Ferdinand Rausser

Neben der Reizüberflutung sind unsere Kinder auch Leistungsdruck und Stress ausgesetzt. Nicht alle Ein-drücke und Erfahrungen können immer richtig verarbeitet werden und wirken unterbewußt weiter. Störungen im seelisch-geistigen Bereich führen zu Spannungszuständen, die sich in Form von Unruhe, Aggressivität, Konzentrationsschwäche, Schlafstörungen und Ängsten zeigen können. Erkennen Eltern oder Erzieherinnen diese Alarmsignale nicht, kann sich die Anspannung auch im körperlichen Bereich in Form von Kopfschmerzen, Allergien, Bettnässen, nervösem Magen etc. zeigen.

Ein weiteres Problem vieler Kinder ist der viel zu volle Terminkalender. So geht Luisa montags zum Schwimmkurs, dienstags zur Kunstschule, mittwochs zum Ballett, donnerstags zur Musikschule und freitags zum Minihandball. Es gibt eine Vielzahl von Freizeitangeboten für Kinder, die unter der Leitung von Erwachsenen stattfinden. Da diese Angebote meistens mit zum Teil hohen Kosten verbunden sind, wird zusätzlich noch von den Eltern Druck ausgeübt, regelmäßig teilzunehmen.

Dabei ist es erwiesen, dass Kinder mit ausreichend selbstbestimmter Freizeit die Zeiten in Kindergarten oder Schule intensiver, ausdauernder und phantasievoller nutzen als Kinder mit vollen Terminkalendern. Spielfähige Kinder, die sich zudem noch entspannen können, sind zudem eher schulfähig.

Deshalb sollten Erzieherinnen und Lehrer ebenso wie Eltern Rahmenbedingungen für das Kind schaffen, die ihm sowohl Spielmöglichkeiten bieten als auch ein Sich-Zurückziehen erlauben. Spielmöglichkeiten bieten heißt jedoch nicht, das Kind mit Ideen zu „beliefern". Gerade Langeweile ist oft der Boden für gute Einfälle.

Einen Teil des Spielzeugs aus dem Kinderzimmer (und der Einrichtung) zu räumen, ist eine weitere Möglichkeit, zum intensiven Spiel mit den noch verbliebenen Angeboten anzuregen. Und zu selbstgebasteltem Spielzeug wird das Kind eine ganz besondere Beziehung entwickeln.

Ein Kind, das nicht nur Objekt von Reizüberflutung und Zeitmangel ist, sondern auch seine eigene innere Welt entwickeln kann, wird Anforderungen besser bewältigen und Problemen selbstbewußter und ruhiger gegenüberstehen.

Stress und Stressbewältigung

„Das Leben ist kurz, weniger wegen der kurzen Zeit, die es dauert, sondern weil uns von dieser Zeit fast keine bleibt, es zu genießen".
J.J Rousseau
Jeder benötigt ein gewisses Maß an Stress, um aktiv und lebensfähig zu bleiben. Wird Belastung allerdings zu Überlastung, weil keine ausreichenden Erholungsmöglichkeiten und Ruhephasen gegeben sind, reagiert der Mensch zunächst mit Funktionsstörungen, aus denen später nachweisbare Schäden entstehen können.

Ein körperlich überanstrengter Schüler ist nicht in der Lage sich richtig zu konzentrieren. Ebenso wird ein Kind mit seelischen Problemen körperlich reagieren können, zum Beispiel mit Lustlosigkeit, Appetitlosigkeit oder Aggressivität.

Stress kann durch ganz verschiedene Ursachen ausgelöst werden, die körperlichen Reaktionen bei Belastung sind jedoch recht einheitlich. Gleichgültig, ob ein Kind sich darüber ärgert, dass es ein bestimmtes Spielzeug nicht bekommt, oder dass es in einer Gruppe nicht mitspielen darf – falls es dazu neigt, seine Gefühle nach außen zu tragen, wird es zunehmend gereizter reagieren, und seine Gedanken werden immer enger um den Gegenstand seines Ärgers kreisen. Im Körper werden Stresshormone freigesetzt, die den Gesamtorganismus aktivieren mit dem Ziel, die Belastung möglichst rasch zu überwinden. Wird der Ärger aber weiter unterdrückt und die Stresshormone können nicht agieren, wird das Kind sich nicht „entlasten" können. Hormone, Gedanken, und Gefühle wüten sozusagen „im Leerlauf", aber nicht ohne Folgen für Geist, Körper und Seele. Dauererregung, die nicht abgebaut wird, kann sich niederschlagen in – überwiegend nächtlichem – Zähneknirschen, in Nägelbeißen und Lippennagen.

Ein dauerhaft gestresster Mensch hat die Fähigkeit verloren zu genießen und sich zu entspannen. Er befindet sich immer in einem hochgradigen Spannungszustand, auf den er keinen Einfluß mehr hat.

Auch in der Körpersprache zeigen sich die Folgen von Stress. Eine zerfurchte

Stirn zum Beispiel, ein verkniffener Mund, hochgezogene Schultern, versteifte Arme, eckige Bewegungen können anzeigen, dass Probleme einen Menschen regelrecht überwältigen. Solche Signale rufen unbewusst Reaktionen beim Gegenüber hervor. Eltern und Pädagogen sollten deshalb versuchen, in ihrer eigenen Körpersprache möglichst gelöst zu „antworten", um so eventuell eine „krampflösende Wirkung" zu erzielen.

Die Möglichkeiten der Stressbewältigung können sehr verschieden aussehen. Ängste offen auszusprechen, Gefühle und Verletzlichkeiten zu zeigen, Sorgen und Niederlagen einzugestehen, Trauer zuzulassen, Hoffnungen und Wünsche nicht zu verheimlichen, Einsamkeit nicht zu vertuschen, Ärger nicht zu unterdrücken – all dies sind gute Ansätze. Auch sportliche Betätigung kann durchaus hilfreich sein.

Eine gedankliche Bewältigung ist sicher die am häufigsten praktizierte Form. Positives Denken spielt dabei eine entscheidende Rolle. Kinder haben das große Talent, große Schwierigkeiten in kleine zu verwandeln und kleine in gar keine. Gerade ein Schulkind, in einem Alter, in dem pausenlos etwas schiefgeht und oft mehr Tadel als Lob den Tag bestimmen, kann sich mit dieser Fähigkeit zunächst vor vielem schützen.

Doch schaut man sich um in Kindergärten, in Tagesstätten, Horten und Schulen, so erkennt man sehr schnell, dass die hohen Belastungen, denen die Kinder heute ausgesetzt sind, verstärkte Anstrengungen nötig machen. Der natürliche Schutzschild der Kinder reicht vielfach nicht mehr aus.

Die beste Möglichkeit, bereits vorhandenen Streß abzubauen, bietet die bewußte Entspannung, wie Gebet, Meditation, Yoga, Autogenes Training, Musikentspannung und vieles mehr.

Die Möglichkeit, jederzeit aus einem Leistungszustand in einen Erholungszustand überzuwechseln, ist das Ziel dieser Methoden. Im entspannten Zustand lernen Schulkinder leichter und freudiger. Sie können dieses erlernte Wissen im entspannten Zustand besser verarbeiten und erinnern. Bei der Wahl der Entspannungsmethode muss allerdings auf die altersbedingte Entwicklungsstufe und den Spieltrieb der Kinder eingegangen werden.

Die Bedeutung der Entspannung für die kindliche Entwicklung

„In der Ruhe liegt die Kraft"
J. W. Goethe

Kinder, die es gelernt haben, sich auch während des Tages zu entspannen, leben gesünder und bewusster. Ein entspannter Körper fühlt sich, psychologisch betrachtet, besser an. Die Muskelverspannung lässt nach, die Gehirnaktivität schaltet vom normalen Wachzustand auf niedrigere Frequenzen, und der Blutdruck wird niedriger.

Wer sich entspannen kann, lenkt seine Aufmerksamkeit nach innen und schiebt Anstrengung und Leistungsdruck von sich. Die Atmung vertieft sich, und ein Zustand innerer Achtsamkeit wird geschaffen.

Die guten Erfahrungen, die Erwachsene mit Entspannungsmethoden bereits gemacht haben, können bei altersgerechter Anwendung, auch auf Kinder übertragen werden. Die Kinder leben, ebenso wie alle Erwachsenen, in einer Welt, in der es kaum noch Möglichkeiten zu Ruhe und Besinnung gibt. Im Gegensatz zu den Erwachsenen jedoch, befinden sich die Kinder in einer Lernphase, in der sie sehr aufnahmefähig sind. Durch diese Aufnahmefähigkeit werden auf der einen Seite enorme Lernleistungen vollbracht, andererseits aber dringen auch äußere Reize tief ein, die nicht immer verarbeitet werden können. Die Folgen sind dann Nervosität, Angst, Konzentrationsmangel, Schlafstörungen etc.

Entspannungsübungen können verhindern, dass diese negativen Folgen das Kind einschränken. Neben der deutlichen Steigerung von Leistungsfähigkeit, Ideenreichtum, Phantasie und Kreativität muss auch die Stärkung des Immunsystems hervorgehoben werden.

Entspannte Kinder sind seltener krank. Entspannungsspiele und Phantasiereisen fördern die Imaginations- und Konzentrationsfähigkeit. Massage und körperliche Übungen lösen muskuläre Verspannungen, bewirken dadurch eine bessere Körperhaltung und sorgen so für eine optimale Atemtätigkeit. Wer es gelernt hat sich zu entspannen lernt entspannter. Erfährt bereits ein Kind die Vorteile und Möglichkeiten von Entspannungstechniken, wird es später als erwachsener Mensch darauf zurückgreifen können und mit Problemen wie Leistungsdruck, Terminhetze oder Ängsten besser und entschiedener umgehen.

Körper, Geist, Seele und soziales Umfeld als Einheit

Unsere Befindlichkeit zeigt sich auch in unseren körperlichen Botschaften. Gefühle werden auch durch Gestik und Mimik geäußert. Der pessimistisch Gestimmte, der sich innerlich festlegt auf ein „Es hat ja doch keinen Zweck“, spiegelt die Vergeblichkeit seines Vorhabens in seinem Auftreten wider.

Seine Körperhaltung mag schlaff sein, sein Gesichtsausdruck ermüdet wirken oder verschlossen, in den Augen ist wahrscheinlich Enttäuschung zu lesen. Der ganze Mensch wirkt kraftlos und entschlusslos. Die Wirkung, die er auf andere hat, wird in jedem Fall negativ sein. Als vorübergehende Phase in Zeiten, in denen wir Schweres zu bewältigen haben, werden wir diesen Zustand alle kennen. Dem positiv Gestimmten wird jedoch seine grundsätzlich bejahende Einstellung bei der Überwindung helfen. Und er wird mit seiner Ausstrahlung auch seine Umgebung positiv beeinflussen. Eine straffe Körperhaltung, ein offener Blick, zurückgenommene Schultern, ein dynamischer Gang senden ganz andere Signale aus. Der positiv gestimmte Mensch kann mit seinem Problemen besser umgehen, er wird es im Umgang mit seinen Mitmenschen leichter haben, er wird Erfolge und Ziele leichter und schneller erreichen.

Der Pendelversuch

Material: Bleistift, Ring oder Schlüssel, Zwirnsfaden von etwa 60 – 70 cm Länge
Alter: ab 5 Jahre

Das folgende Experiment soll zeigen, dass der Geist den Körper steuern kann.

An dem einem Ende des Zwirnsfadens machen wir eine Schlaufe, stecken den Bleistift hindurch, knoten den Faden fest und schieben ihn in die Mitte des Stiftes. Am anderen Ende des Zwirnsfadens binden wir den Schlüssel oder den Ring fest.

Anschließend wird der Bleistift an seinen äußeren Enden leicht mit beiden Händen festgehalten, und der Gegenstand hängt ruhig über dem Boden.

Mit offenen, besser noch geschlossenen Augen stellen wir uns vor, dass das Pendel wie bei einer alten Stand-uhr hin und her schwingt. Sind die Schwingbewegungen schon deutlich zu sehen, wechseln wir zur Vorstellung eines sich bewegenden Kreises. Helfen können uns dabei konkrete Bilder, wie z. B. die Zeiger einer Uhr oder ein sich drehender Kreisel. Das Pendel bewegt sich entsprechend der jeweiligen Vorstellung.

Die Gedanken übertragen sich nämlich auf die Hände. Über die Bewegungsvorstellung werden die ständig vorhandenen leichten Zitterbewegungen der Hand unmerklich zu Impulsen umgeformt. Diese Impulse versetzen den Gegenstand in eine eindeutige Bewe-gung. Und damit ist tatsächlich der Beweis angetreten: Der Geist, meine Vorstellung und meine Gedanken, setzen sich in einer Bewegung durch den Körper um. Der Geist kann den Körper beeinflussen!

Dieser Versuch macht Schulkindern ebensolchen Spaß wie Erwachsenen. Besonders gern stellen Schulkinder Fragen an das Pendel, indem eine bestimmte Bewegung des Pendels als „ja" und eine andere als „nein" gilt. Das ist natürlich nur ein Spiel und hat nichts mit Okkultismus oder Magie zu tun.

Bewegung und Entspannung

Um den wechselnden Bedürfnissen von Kindern nach Bewegung auf der einen und nach Ruhe auf der anderen Seite gerecht zu werden, können Entspannungsspiele bei Vor- und Grundschülern gut eingesetzt werden.

Ein gesunder Mensch, dessen Körper ständig im Ruhezustand verharrt, wird träge und lustlos. Ein anderer, der unentwegt „auf vollen Touren läuft", wirkt unruhig, unkonzentriert, nervös. Voraussetzung für ein gesundes Leben ist ein Gleichgewicht zwischen Bewegung und Entspannung. Damit sich ein Kind auf Entspannung einlassen kann, müssen die kindlichen Bewegungsbedürfnisse durch altersgerechte Spiel- und Aktivitätsangebote befriedigt werden. Ausgelassenes Bewegen kann dabei helfen Lustlosigkeit, Ärger oder auch Aggressivität abzureagieren, um sich „Luft" zu verschaffen. Sichtbare Bewegungen, wie ein unruhiges Hin- und Herrutschen auf dem Stuhl, sind eng mit der inneren Bewegtheit eines Kindes verbunden. Basis jeder Elementarerziehung sollten deshalb Bewegungserfahrungen sein, die mit Sprache, Singen, Musik und Tanz verbunden sind.

Ruhe-Erlebnisse verhelfen dem Kind dazu, die Reizüberflutung einzudämmen und sich besser auf sich selbst einzulassen. Die Freude daran, einen Kieselstein zu entdecken, ihn in der Hand zu halten und zu spüren, oder die faszinierende Struktur eines Blattes konzentriert zu betrachten, ist vielen Kindern fremd. Sie lassen sich aber auf diese für sie neuen Erfahrungen bald mit Begeisterung ein.

Entspannungsspiele im Kindergarten, in der Schule und zu Hause

Ein japanischer Zen-Meister sagte: „Hast du bemerkt, wie die Kieselsteine der Straße nach dem Regen sauber und glänzend sind? Wahre Kunstwerke! Und die Blumen? Kein Wort kann sie beschreiben. Man kann nur ein bewunderndes ‚Ah!' ausrufen. Man muss das ‚Ah!' der Dinge verstehen! Wer von uns versteht noch das ‚Ah' der Dinge? Das Kind, das vor jedem neuen Objekt ein ‚Ah' ausruft und staunt, um staunend sein Wissen und Erleben von der Welt zu bereichern. Wie wunderbar und zauberhaft ist dieses Staunen eines Kindes!"
Wladimir Lindenberg

Im Kindergarten, in der Kindertagesstätte und im Hort können die Mitarbeiterinnen den Tagesablauf auf die spontanen Bedürfnisse der Kinder abstimmen. Sie greifen Situationen aus dem Erlebnisbereich der Kinder auf. Damit können sich Pädagogen auf Ereignisse kurzfristig einlassen. Das freie Spiel steht im Vordergrund und die hier entstandenen Aktivitäten der Kinder werden mit gezielten Angeboten verbunden. Im freien Spiel ist Bewegung und das Bedürfnis nach Rückzug und Ruhe immer wieder zu entdecken. Zusätzliche Angebote, wie etwa Entspannungsspiele im Stuhlkreis, im Garten oder bei einem Ausflug in die Natur, schaffen neue Impulse im Alltag der Kinder und werden zum integrierten Bestandteil in der Einrichtung.

In der Schule setzen die Stundentafel und die Einhaltung des Lehrplans engere Grenzen. Aber auch hier gibt es Möglichkeiten, nicht nur in den Pausen und Turnstunden Bewegungs- und Entspannungsangebote zu machen: Vor allem während der Freiarbeit können die Erst- und Zweitklässler viele der in diesem Buch beschriebenen Spiele ausprobieren.

Mit dem Wissen über die Notwendigkeit von Entspannung bereits im Vor- und Grundschulalter haben Kindergarten, Kindertagesstätte, Hort und Schule die besondere Aufgabe, einen Ruhebereich zu schaffen. Entspannungsspiele in die Planung zu integrieren und Aufklärungsarbeit bei den Eltern über die Notwendigkeit von Entspannung bereits bei Kindern zu leisten, sollten selbstverständlich sein.

Und auch zu Hause können Eltern, Geschwister und Freunde gemeinsam Entspannungsspiele ausprobieren. Für Schulkinder, die ständig mit Unlust ihre täglichen Hausaufgaben erledigen, ist das eine willkommene Abwechslung. Denken Sie aber daran, dass Sie ihre Kinder nicht zu den Spielen zwingen. Sie machen nur Spaß, wenn auch eine entspannte Atmosphäre vorhanden ist und alle Beteiligten zum Spielen motiviert sind.

Ziele der Entspannungsspiele

Als Ziel steht die Konzeption einer ganzheitlichen Erziehung des Kindes im Vordergrund. Bei der Realisierung dieses Zieles haben Kindergarten, Kindertagesstätte und Hort gegenüber der Schule einen Vorteil. In der Schule stehen nämlich fachspezifische Inhalte im Vordergrund. Lehrkräfte haben einen verbindlichen Lehrplan, der weniger Raum für situatives Lernen gibt.

Andererseits befinden sich im Kindergarten und in der Kindertagsstätte ausschließlich die drei- bis sechsjährigen Kinder. Bei den Zielvorstellungen für diese Einrichtungen muss deshalb das altersspezifische Verhalten berücksichtigt werden. Im Sinne einer ganzheitlichen Erziehung des Kindes lassen sich folgende Ziele und Aufgaben für die Entspannungsspiele formulieren:

- die Wahrnehmung durch sinnliche Erfahrung zu schulen
- Phantasie und Kreativität zu entwickeln
- Ausdauer und Konzentration zu fördern
- den Körper bewußt zu erleben, kennenzulernen und anzunehmen
- sich auf kleinstem Raum abzutoben, auszuagieren und zur Ruhe zu kommen
- motorischen Fähigkeiten zu vertrauen
- die Fein- und Grobmotorik zu fördern
- sich mit der räumlichen und dinglichen Umwelt auseinanderzusetzen
- Selbsbewußtsein und Gemeinschaftsgefühl zu entwickeln
- Fähigkeiten zu sozialem Handeln und Kommunikation zu fördern
- Erlebtes durch Stille zu verarbeiten

- Streß, Termin- und Leistungsdruck durch die Fähigkeit „abschalten zu können" entgegenzuwirken
- die Lernbereitschaft zu fördern
- das Immunsystem zu stärken
- Verspannungen zu lösen und eine verbesserte Haltung zu schaffen
- eine optimale Atemtätigkeit herzustellen
- Gesundheitsvorsorge zu treffen
- inneres Gleichgewicht zwischen Bewegung und Entspannung herzustellen

Die Auflistung der Ziele erhebt keinen Anspruch auf Vollständigkeit und sollte auf die Zielgruppe und deren Entwicklungsstand hin überprüft werden. Kinder im Vor- und Grundschulalter zeichnen sich durch einen hohen Grad an Spontaneität, Offenheit, Freude und Neugier am Sich-Bewegen und Entdecken aus. In diesem Zusammenhang ist die besondere Lernfähigkeit und rasche Entwicklung beim Kind zu sehen.

Die Rolle des Erwachsenen

Kinder identifizieren sich mit ihren Bezugspersonen und orientieren sich oft an deren Verhalten. Erzieherinnen, Lehrer oder die Eltern, mit denen das Kind ständig Kontakt hat, stellen immer ein Verhaltensmodell dar.

Wichtig ist, dass Sie als Erwachsene eine positive Einstellung zu den Spielangeboten haben. Wer innerlich ruhig und ausgeglichen ist, wird diese Ruhe auf die ihm anvertrauten Kinder übertragen. Dabei sollten Sie auf keinen Fall eine dominante Rolle einnehmen. Sie können ohne weiteres auch als Teilnehmer mitmachen, wenn die Kinder Sie dazu auffordern. Aber auch dann sind Sie weiter verantwortlich für den gesamten Ablauf. Wie bei anderen Spielangeboten auch müssen Sie das Geschehen beobachten und entscheiden, ob sie bei Konflikten eingreifen (oder sich zurückhalten), zu dominante Kinder bremsen oder übervorsichtige ermutigen.

Kinder, die sich an den Entspannungsspielen nicht beteiligen, tun nicht etwa nichts. Sie brauchen nur oft etwas mehr Zeit, um in das Spiel hineinzufinden.

Entspannungshaltungen

Die Liegehaltung

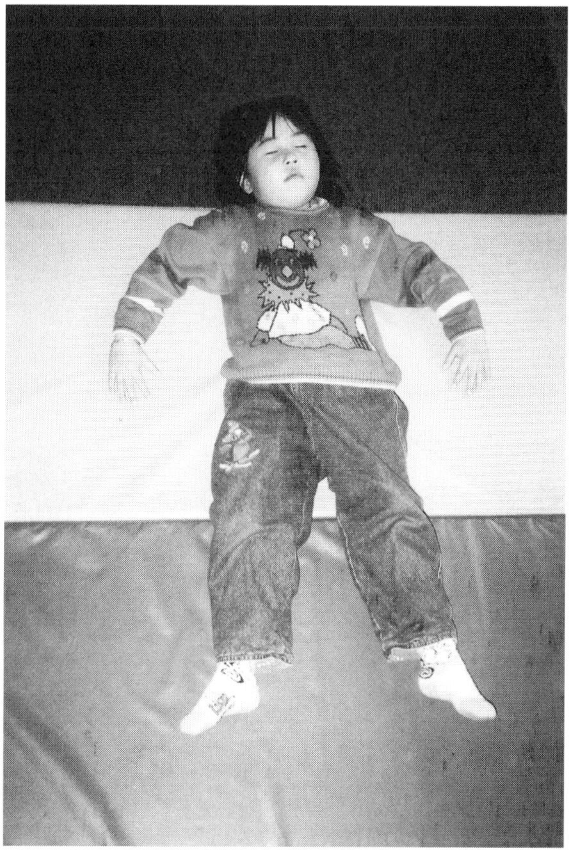

Material: Isomatte oder Decke und Kissen
Alter: ab 4 Jahre

Entspannung im Liegen ist Kindern am angenehmsten. Das entspricht ihren natürlichen Bedürfnissen.

Die Kinder liegen auf dem Rücken, strecken ihre Beine so aus, dass die Fersen den Boden berühren und lassen ihre Füße nach rechts und links auseinanderfallen. Wer mag, kann sich vorher die Schuhe ausziehen.

Leicht gebeugt liegen die Arme neben dem Oberkörper. Handrücken oder Handinnenseite berühren den Boden. Bei dieser Übung können die Kinder ihre Augen schließen.

Eine Isomatte oder Decke und ein Kissen für den Kopf begünstigen und erhöhen das Entspannungsgefühl.

Die Königshaltung

Material: Stühle
Alter: ab 4 Jahre

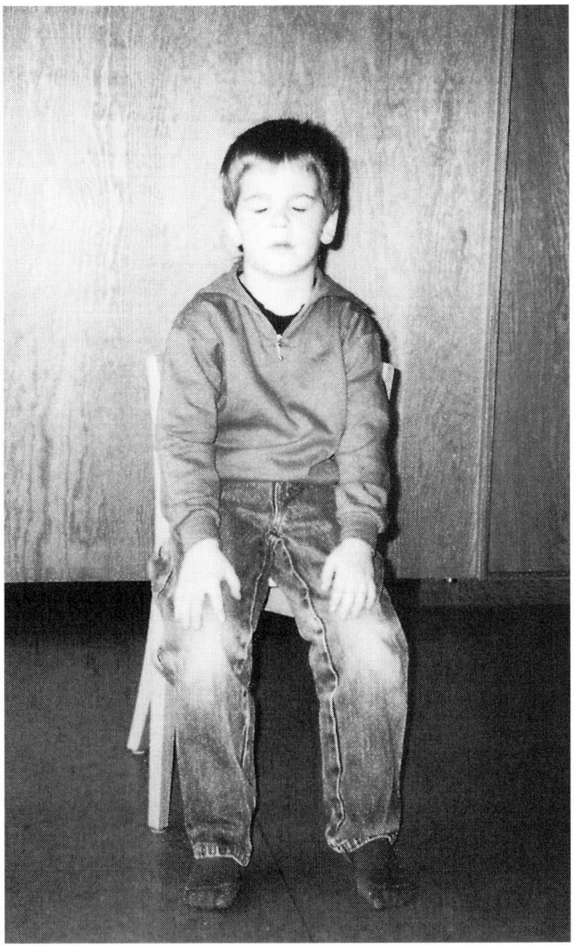

Diese Übung kann im Stuhlkreis oder auch dann durchgeführt werden, wenn die Kinder auf ihren angestammten Plätzen im Klassenzimmer sitzen bleiben. Sie bietet sich deshalb für Stille-Übungen ganz besonders an.

Die Kinder schließen die Augen und stellen sich das Bild eines Königs oder einer Königin auf ihrem Thron vor. König oder Königin bewahren eine würdevolle Haltung und sitzen deshalb aufrecht. Die Hände liegen auf den leicht gespreitzten Oberschenkeln, die sich nicht berühren dürfen. Die Füße stehen so auf dem Boden, dass Schuhsohle und -absatz Bodenkontakt haben.

Die Königshaltung ist bei den Kindern sehr beliebt und wird schnell gelernt.

Die gelöste Sitzhaltung

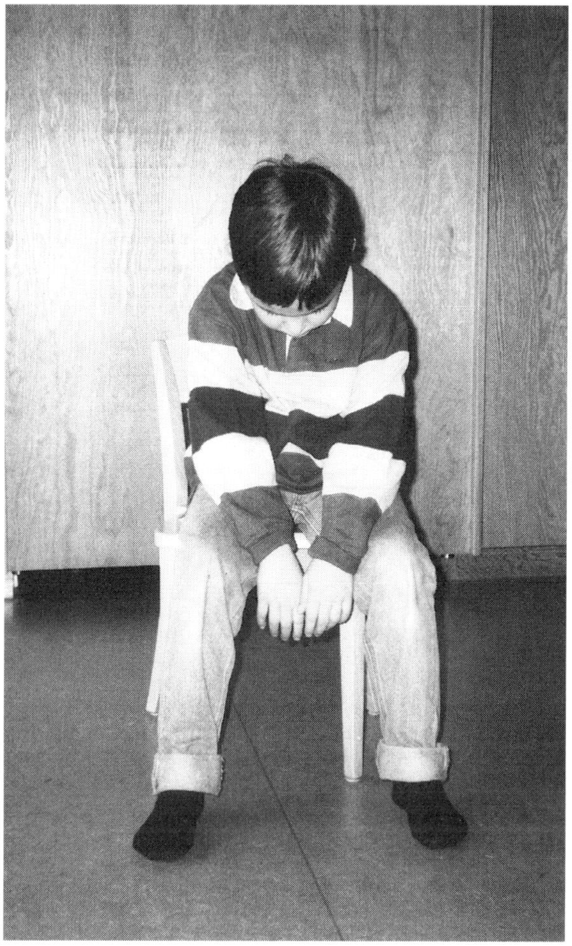

Material: Stuhl
Alter: ab 4 Jahre

Bei dieser Übung, die im Autogenen Training „Droschkenkutscherhaltung" genannt wird, sitzen die Kinder auf der vorderen Hälfte eines Stuhles und winkeln die Beine leicht an. Die Oberschenkel sind geöffnet, so dass sie einander nicht berühren. Beide Füße haben vollen Bodenkontakt.

Unterarme und Hände ruhen auf den Oberschenkeln, der Oberkörper ist locker nach vorne gebeugt, und der Kopf hängt entspannt nach unten. Rumpf und Kopf befinden sich in dieser Stellung in einem labilen Gleichgewicht.

Diese Haltung ist leicht dadurch zu erreichen, dass die Kinder zunächst aufrecht auf dem Stuhl sitzen und dann leicht in sich zusammensinken.

Diese gelöste Sitzhaltung eignet sich ausgezeichnet für Stille-Übungen. Die Kinder können dabei die Augen schließen.

Die angelehnte Sitzhaltung

Material: Sessel mit Nackenstütze und möglichst mit Armlehne
Alter: ab 4 Jahre

Das angelehnte Sitzen findet in einem Sessel mit Nackenstütze statt. Dabei liegen die Unterarme möglichst auf einer Armlehne. Andernfalls ruhen sie auf den Oberschenkeln. Die Beine sind gespreizt, die Fußsohlen berühren den Boden.

Die angelehnte Sitzhaltung bietet sich vor allem für Zuhause an. Da sie den Kindern schon vertraut ist, muss sie nicht lange eingeübt werden.

Die Augen sollen möglichst geschlossen sein. Sollte ein Kind dies nicht wollen, kann ein neutraler Punkt im Raum fixiert werden, jedoch sollte sichergestellt sein, dass Kinder bei der Übung einander nicht ablenken.

„Zurücknehmen" der Entspannung

Im Anschluß an die Übung wird die Entspannung „zurückgenommen". Dabei werden die Hände zu Fäusten geballt und die Arme gereckt und gestreckt.

Die Kinder stehen dabei langsam auf, atmen tief durch und recken und strecken sich zu einem vom Erwachsenen vorgegebenen Satz, der so lauten kann: „Ich bin frisch und munter, frisch und munter!"

Der äußere Rahmen für Entspannungsspiele

Sie können den äußeren Rahmen für die Entspannungsspiele vorbereiten. Der Raum, den Sie als Übungsort vorgesehen haben, sollte:

- möglichst geschützt sein vor äußeren, störenden Einflüssen, wie zum Beispiel Staßenlärm
- eine behagliche Atmosphäre ausstrahlen, und am besten frei sein von übermäßig vielen Bildern und Bastelarbeiten an den Wänden
- ein freies Fenster haben mit Blick nach draußen, das den Gedanken und Phantasien der Kinder Weite gibt
- ein Beziehungspunkt für die Kinder sein, den sie sich zum Beispiel durch mitgebrachte Pflanzen vertraut gemacht haben
- optimal auszuleuchten sein, weder zu hell noch zu dunkel
- durch Vorhänge oder Rolläden zu starke Sonneneinstrahlung abhalten
- angenehm temperiert sein
- gute Belüftungsmöglichkeiten besitzen

Bevor die Fenster geschlossen werden, sollte ausreichend gelüftet sein. Straßenlärm und Lärm aus benachbarten Gruppen oder Klassen können nur bedingt ausgeschaltet werden. Vielleicht lassen sich auch mit den Kolleginnen und Kollegen allgemeine Ruhezeiten vereinbaren, in denen die Übungen dann ungestört gemacht werden können.

Die Gruppe

Für Entspannungsspiele, die in der Regel etwa zwei bis zehn Minuten dauern, ist eine Gruppengröße von acht bis zehn Kindern ideal.

In den Vormittags-Gruppen der Kindertagesstätte sind in der Regel 28 und mehr Kinder angemeldet, und eine Klassenstärke kann bis zu 32 Schüler betragen.
In solchen Fällen ist es natürlich günstig, die Gruppe oder Klasse zu teilen. Viel-

leicht finden Sie interessierte Eltern, die Ihnen manchmal bei der Anleitung für Entspannungsübungen helfen.

Mehr als auf die Gruppengröße allerdings gilt es auf die Zusammenstellung der Gruppe zu achten. Die Schule hat dabei den Vorteil, dass überwiegend gleichaltrige Kinder in einer Klasse sind, während in Kindergarten, Tagesstätte oder Hort die große Altersspanne zusätzlich zu Problemen führen kann. So sind in den außerschulischen Betreuungseinrichtungen neben den persönlichen Eigenheiten der Kinder auch noch die altersspezifischen zu berückichtigen. Die Zusammenstellung einer Gruppe ist in jedem Fall von zentraler Bedeutung, eine Aufteilung in vielen Fällen wünschenswert.

Dabei sollte sehr genau überlegt werden, wie viele unruhige Kinder eine Gruppe verträgt. Zu viele Kinder mit starken motorischen Bedürfnissen können den Erfolg der Stille-Übungen in Frage stellen.

Kinder, die während der Entspannungsspiele stören, sollten nicht sofort aus der Gruppe ausgeschlossen werden. Oft hilft es, sich während des Spiels neben das Kind zu setzen und es mit der Hand zu berühren, eventuell auch es leicht zu streicheln.

Gelegentliche Störungen sollten Sie am besten übergehen.

Bei unruhigen Kindern ist es immer besser, auf die kürzeren Entspannungsspiele, wie die Stille-Übungen im Stuhlkreis, zurückzugreifen.

Lehnt ein Kind die Teilnahme am Spiel ab, kann es zum Beispiel sein, dass ein Streit mit einem anderen die Ursache dafür ist. Dann sollte es zuschauen dürfen. In jedem Fall aber wäre es gut, das Kind nach dem Grund zu fragen.

Besonders wichtig ist es, die altersbedingte unterschiedliche Konzentrations- und Ausdauerbereitschaft zu beachten. Für die Drei- bis Vierjährigen bieten sich eher kürzere Stille-Übungen und Bewegungspiele zur Herstellung eines Ruheerlebnisses an.

Das Kind zu Hause

Werden Entspannungsspiele zu Hause angeboten, können die Erwachsenen sich ganz auf das Kind einlassen. Voraussetzung ist ein Zimmer, in dem das Kind zur Ruhe kommen kann. Ganz besonderen Spaß machen Entspannungsspiele in einem bequemen Sessel.

Spiele für Gruppen lassen sich nicht ohne weiteres auf ein einzelnes Kind übertragen. Oft können aber auch ältere Geschwister und Freunde zum Mitmachen motiviert werden.

Entspannungsspiele zu Hause, vor und vielleicht auch während der Hausaufgaben, sind eine Energierquelle für das Kind. Auch bei Familienfeiern und Kindergeburtstagen bieten sich Entspannungsspiele an. Gerade an Festtagen wie Heilig Abend oder Ostern sind Kinder aufgeregt und angespannt. Hier sind die Spiele besonders hilfreich, weil damit eine innere Ausgeglichenheit erreicht werden kann.

Gute Erfahrungen haben Eltern auch damit gemacht, Entspannungsspiele vor dem Zubettgehen des Kindes anzubieten. So können sich Körper und Geist des Kindes langsam auf Ruhe einstellen.

Entspannungsspiele zum Kennenlernen

Kommen neue Kinder in eine Einrichtung, können Entspannungsspiele zum gegenseitigen Kennenlernen den Einstieg in eine Gruppe oder Klasse erleichtern. Durch das gemeinsame Spiel entsteht sehr schnell eine gelöste Atmosphäre. So können Ängste und Befürchtungen vor unbekannten Situationen schnell abgebaut werden. Die neuen Kinder können schneller Vertrauen zu den anderen Kindern und zur Erzieherin oder dem Lehrer aufbauen. Voraussetzung für den Erfolg ist jedoch, dass die ausgewählten Entspannungsspiele und die Räumlichkeiten dem Alter und dem Entwicklungsstand der Kinder entsprechen. Die Altersangaben bei den Übungen und Spielanregungen sind allerdings nur Orientierungen. Sie werden sicher selbst am besten wissen, ob Sie ihrer Gruppe oder Klasse oder Ihrem Kind zu Hause auch ein Entspannungsspiel anbieten können,das eigentlich erst für Ältere vorgesehen ist.

Bäumchen, Bäumchen wechsle dich

Material: 1 Stuhl weniger als Anzahl der Kinder
Alter: ab 3 Jahre

Zwei gleichgroße Kindergruppen sitzen sich in der Königshaltung mit geöffneten Augen gegenüber. Ein Kind hat keinen Stuhl und steht in der Mitte. Das Kind stellt sich den Mitspielern vor und sagt dann: „Bäumchen, Bäumchen, wechsle dich." Daraufhin müssen alle Kinder ihren Platz verlassen und sich einen Stuhl der anderen Gruppe suchen. Auch das Kind in der Kreismitte versucht, irgendeinen Stuhl zu bekommen. Das Kind, das es nicht geschafft hat, einen Stuhl zu besetzen, steht nun in der Kreismitte und stellt sich vor. Das Spiel beginnt von neuem.

Obstmarkt

Material: 1 Stuhl weniger als Anzahl der Kinder
Alter: ab 4 Jahre

Bis auf eins bilden alle Kinder einen Stuhlkreis. Dabei können sie die Königshaltung mit geöffneten Augen einnehmen. Jedes Kind einschließlich dem in der Mitte erhält dann einen Obstnamen – abwechselnd „Apfel" oder „Birne".

Das Kind in der Mitte stellt sich denen, die den Kreis bilden, vor und sagt „Äpfel" beziehungsweise „Birnen". Je nachdem müssen alle „Äpfel" oder alle „Birnen" von ihren Stühlen aufstehen und die Plätze wechseln. Dabei versucht auch das Kind in der Kreismitte einen Stuhl zu finden.
Wird „Obstsalat" angesagt, müssen alle Kinder ihren Platz verlassen und sich einen neuen suchen.

Variante: Drei bis vier unterschiedliche Obstsorten

Zipp oder Zapp

Material: 1 Stuhl weniger als Anzahl der Kinder
Alter: ab 7 Jahre

Die Kinder bilden bis auf eines einen Stuhlkreis und nehmen die Königshaltung mit offenen Augen ein. Das Kind in der Mitte hat keinen Platz. Es stellt sich den anderen vor und sagt: „Zipp" oder „Zapp". Bei „Zipp" wechseln alle ihre Plätze nach rechts, bei „Zapp" nach links und jedes Kind, auch das in der Mitte, versucht einen Platz zu bekommen. Sagt es „Zipp-Zapp", wechseln alle durcheinander.

Nachbarspiel

Material: 1 Stuhl weniger als Anzahl der Kinder
Alter: ab 6 Jahre

Die Kinder – bis auf das in der Mitte – sitzen im Stuhlkreis in der Königshaltung mit offenen Augen. Das Kind in der Mitte stellt sich vor, geht auf ein Kind aus dem Stuhlkreis zu und fragt: „Wen hättest du gern als Nachbarn?" Das angesprochene Kind kann zwei Mitspieler benennen oder mit den Fingern auf sie zeigen. Diese müssen daraufhin schnell ihre Plätze tauschen. In diesem Moment muss das Kind aus der Kreismitte versuchen, einen der beiden Stühle zu erwischen. Wer von den drei Beteiligten es nicht schafft einen Stuhl zu besetzen, bleibt stehen und geht als nächster in die Kreismitte. Das Spiel beginnt von neuem.

Ähnlichkeiten finden

Alter: ab 5 Jahre

Bis auf ein Kind sitzen alle im Kreis in der Königshaltung mit geöffneten Augen. Ein Kind hat keinen Stuhl und steht in der Kreismitte. Es stellt sich vor und schließt die Augen. Blind zeigt das Kind auf ein weiteres Kind im Stuhlkreis. Das Kind öffnet die Augen und fragt, welche Kinder die Plätze miteinander tauschen sollen.

Daraufhin werden keine Namen genannt, sondern Hinweise gegeben, beispielsweise: „Alle Kinder, die ein rotes Kleidungsstück an haben, sollen miteinander die Plätze tauschen!" Diese versuchen schnell die Plätze miteinander zu tauschen. Dabei versucht das Kind aus der Kreismitte ebenfalls einen Stuhl zu bekommen. Das übrig gebliebene Kind bleibt in der Mitte stehen und beginnt das Spiel erneut.

Spinnennetz

Material: Wollknäuel, Kissen
Alter: ab 5 Jahre

Die Kinder sitzen auf Kissen. Ein Kind hat ein Wollknäuel in der Hand und stellt sich mit Namen vor. Es hält das Fadenende des Knäuels fest in der Hand und rollt das Knäuel einem anderen Kind zu. Dieses stellt sich auch vor, hält den Faden in lockerer Spannung fest und rollt das Knäuel einem dritten Kind zu, das ebenfalls den Faden locker gespannt festhält, sich vorstellt und das Knäuel weiter rollt. Dies wird so lange fortgesetzt, bis alle Kinder den Faden in ihren Händen halten und ein Spinnennetz erkennbar wird.

Das Kind im Kreis, das als letztes das Knäuel zugerollt bekommen hat, rollt es zurück an dasjenige Kind, von dem es das Knäuel erhalten hat. Dabei wird der Name dieses Kindes genannt.

Dieses Spiel wird so lange fortgesetzt, bis das Wollknäuel zum ersten Kind zurückgekehrt ist.

Tiere finden sich

Material: Zettel mit Tierbildern für jedes Kind; Musikkassette oder Trommel
Alter: ab 8 Jahre, gerade Anzahl

Vor Spielbeginn werden Zettel mit Tierbildern vorbereitet. Jedes Tierbild kommt zweimal vor. Nun erhält jedes Kind einen dieser Zettel. Auf ein Kommando der Spielleiterin oder mit Beginn eines Trommelwirbels gehen, laufen, hüpfen alle Kinder im Raum herum und tauschen unentwegt ihre Zettel aus.

Hört die Musik plötzlich auf oder verstummen die Trommelschläge, schaut jedes Kind auf seinem Zettel nach, welches Tier es gerade ist und miaut wie eine Katze, bellt wie ein Hund, krächzt wie ein Papagei ... Dadurch finden sich die Tier-Paare.

Dieses Spiel eignet sich zum Abbau verbaler und motorischer Unruhe.

Als Auflockerung bietet es sich auch für den ersten gemeinsamen Elternabend an.

Entspannungsspiele zum Kennenlernen von Räumlichkeiten

Kinder lernen selbständig zu handeln, wenn sie ihre Umgebung mit allen Sinnen erkunden. Durch Ausprobieren, Experimentieren und gemeinsames Handeln werden Erfahrungen mit Räumen, Gegenständen und Materialien am besten gesammelt. Lassen Sie den Kindern also Zeit für diese sinnlichen Erfahrungen.

Schönes, Farbiges, Kostbares, Gleiches und Verschiedenes wird in Ruhe entdeckt. Stille werden, innere Bilder erleben, sich mitteilen, in einen Dialog eintreten oder Erfahrenes für sich behalten, all das ist möglich bei den folgenden Entspannungsspielen zum Kennenlernen von Räumlichkeiten.

Räume fühlen und erleben

Alter: ab 5 Jahre

Die Kinder werden von einem Erwachsenen geführt und gehen ganz leise mit geschlossenen Augen im Raum umher. Sie bleiben an verschiedenen Stellen stehen und fühlen mit den Händen zum Beispiel Wand, Schrank, Tisch, Stuhl. Vertrautes, Bekanntes und Fremdes wird in der Gruppe besprochen. Dabei sollen die Kinder die besonderen Eigenschaften der Gegenstände im Raum erkennen. Zudem erleben sie die Einteilung des Raumes.

Variante: Zwei Räume nacheinander kennenlernen und im Gruppengespräch miteinander vergleichen. Oder: Paarweise die Räume kennenlernen.

Außenbereich erforschen

Alter: ab 5 Jahre

Die Pädagogin geht mit der Gruppe leise in Hof oder Garten. Die Kinder werden in zwei Gruppen aufgeteilt und sollen verschiedene Dinge, wie Blätter, Rinde, Sand oder Kieselsteine zusammentragen. Die Gruppe, die am schnellsten gesammelt hat, ist Sieger.

Ich sehe eine Farbe, die du nicht siehst

Material: großes Tuch, verschiedene Gegenstände
Alter: ab 5 Jahre

Die Kinder sitzen in der Königshaltung im Stuhlkreis. In ihrer Mitte befinden sich zehn bis zwölf unterschiedliche Gegenstände aus dem Raum, die erst betrachtet und dann mit dem Tuch verdeckt werden.

Die Spielleitung beginnt mit der Frage: „Ich sehe eine Farbe, die du nicht siehst, und die ist rot. Schließt am besten die Augen, dann könnt ihr euch die Gegenstände unter dem Tuch vorstellen. Nehmt euch Zeit zum Nachdenken.".

Dann können die Kinder die Augen wieder öffnen. Wer die Antwort weiß, darf sich melden. Anschließend wird das Tuch weggenommen und nachgesehen.

Der geheimnisvolle Beutel

Material: Beutel mit Spiel- oder Lernmaterial, Stuhlkreis
Alter: ab 5 Jahre

Die Kinder sitzen in der Königshaltung im Stuhlkreis. In einem Beutel, der von Kind zu Kind weitergereicht wird, befindet sich unterschiedliches Spiel- oder Lernmaterial aus dem Gruppenraum oder dem Klassenzimmer. Nacheinander fassen die Kinder in den Beutel und versuchen durch Fühlen einen Gegenstand zu erkennen und zu benennen. Danach wird der Gegenstand aus dem Beutel genommen und gezeigt. Das Kind, das den Gegenstand erraten hat, erhält die Aufgabe, ihn an seinen ursprünglichen Platz im Gruppenraum zu bringen.

Entspannungslichter

Material: 1 kleines Marmeladenglas, Transparentpapier in verschiedenen Farben, 1 Schale, 1 Kleisterpinsel, Kleister, 1 Teelicht, Streichhölzer oder Feuerzeug
Alter: ab 5 Jahre
(mit Hilfe von Erwachsenen)

Das Licht der brennenden Kerzen, besonders im Advent, bewirkt die notwendige Ruhe und Stille für besinnliche Erfahrungen. Kinder, die während einer Entspannung die Augen nicht schließen wollen, können durch eine brennende Kerze zur Ruhe kommen und sich auf die Entspannung einlassen. In dieser besonderen Atmosphäre werden Kinder konzentriert und ausgeglichen. Damit Kinder den Glanz der brennenden Kerzen bewusst wahrnehmen können, sollte der Raum etwas abgedunkelt sein. Ein persönlicher innerer Bezug zur brennenden Kerze wird durch das Basteln eines eigenen Entspannungslichtes hergestellt.

Die Kinder sitzen an einem Tisch mit einer abwaschbaren Unterlage und richten die benötigten Materialien her. Anschließend reißen sie das Transparentpapier in kleine Stücke (Reißtechnik) und legen diese in die Schale. Das ausgewaschene Babynahrungs- oder Marmeladenglas wird mit Kleister bestrichen.

Danach gestaltet jedes Kind das Glas mit den Transparentpapier-Stückchen. Zum Schluß wird das Teelicht angezündet und vorsichtig auf den Glasboden gesetzt. Damit es nicht erlischt, muss es senkrecht eingeführt werden. Das erfordert von den Kindern viel Geduld und Konzentration. Jüngeren Kindern muss geholfen werden.

Jedes Kind sucht sich einen Platz für sein Entspannungslicht aus.

Wir suchen den gleichen Gegenstand

Material: verschiedene Gegenstände
Alter: ab 5 Jahre

Unterschiedliche Gegenstände aus dem Gruppenraum oder Klassenzimmer liegen in der Stuhlkreismitte. Die Kinder sitzen im Stuhlkreis in der Königshaltung. Die Spielleiterin bestimmt ein Kind, das ganz leise aufsteht und einen Gegenstand aus der Mitte nimmt. Die Aufgabe besteht darin, im Raum einen gleichen Gegenstand zu finden. Ist die Aufgabe erfüllt, darf das Kind sein Glück noch einmal versuchen.

Welcher Gegenstand fehlt?

Material: verschiedene Gegenstände
Alter: ab 5 Jahre

In der Stuhlkreismitte befinden sich unterschiedliche Gegenstände aus dem Gruppenraum oder dem Klassenzimmer. Die Kinder sitzen in der Königshaltung. Ein Kind wird bestimmt, das sich die Gegenstände gut merken soll, dann geht es vor die Tür. Ein anderes Kind nimmt eines der Dinge aus der Mitte und versteckt es. Nun wird das erste Kind wieder hereingeholt und soll aus der Erinnerung feststellen, was fehlt. Danach wird dem Kind der Gegenstand zum Aufräumen übergeben und das Spiel beginnt erneut.

Die Wahrnehmungsecke

Richten Sie doch im Raum Ihrer Kindergartengruppe oder im Klassenzimmer eine „Wahrnehmungsecke" ein. Dort befinden sich vielleicht Säckchen mit unterschiedlichem „Fühlmaterial", Kaleidoskope, mit denen sich die Kinder gerne selbst beschäftigen und all die anderen Materialien, die für Spiele und Übungen benutzt werden können oder zum Selber-Ausprobieren anregen.

Viele Kindergärten nutzen heute Materialien aus der Montessori-Pädagogik oder nehmen Vorschläge der italienischen Pädagogen aus Reggio auf.

Montessori-Material

Zunächst im Umgang mit geistig behinderten Kindern entwickelte Maria Montessori, die italienische Ärztin und Pädagogin, Anfang dieses Jahrhunderts geeignete Mittel und Materialien zur Förderung der Sinne, die seitdem in vielen Einrichtungen eingesetzt werden. Dies gilt sowohl für das Freispiel in Kindergärten, wie für die Freiarbeit in Grundschulen und auch zur Förderung des selbsttätigen und differenzierten Lesen-, Schreiben- und Rechnenlernens bereits im Vorschulalter.

- Der *rosa Turm* ist das wohl bekanntestes Sinnesmaterial aus der Montessoripädagogik. Er besteht aus zehn rosa Massivholzkuben und läßt sich dreidimensional von 1 cm bis zu 10 cm verändern. Dabei werden die Wahrnehmung

durch Erkennen von Größenunterschieden bei gleichbleibender Form, die Motorik durch Übung der Muskeln und Koordinierung der Bewegung, sowie der mathematische Geist entwickelt.
Während jüngere Kinder den Turm auf- und wieder abbauen, entdecken Ältere Variationsmöglichkeiten im Aufbau. Sie sehen Disharmonien und entwickeln Ordnungsstrukturen. Dabei lernen sie auch Begriffs-Differenzierungen wie: groß – klein, groß – größer – am größten, klein – kleiner – am kleinsten.

- Beim Einpassen der *Einsatzzylinder*, wird der Dimensionsunterschied bei gleichbleibender Form vom Kind erkannt. Begriffe, wie dick – dünn, schmal – breit, hoch – niedrig, eng – weit oder flach – tief werden geübt. Zudem wird die Feinmotorik der Schreibhand gefördert.

- Kindern macht es immer großen Spaß, wenn sie die Möglichkeit erhalten, Gegenstände nach Größe, Farbe oder auch nach Tastempfinden, Klang, Temperatur oder Gewicht zu sortieren. So werden beim Sinnesmaterial *Farbtäfelchen* die visuelle Wahrnehmung und der Farbsinn gefördert und die Fähigkeit zu differenzieren erlernt.

- *Tastbretter* haben unterschiedlich rauh beschaffene Oberflächenstrukturen, vermitteln die Erfahrung von „rauh – glatt", und bereiten vor auf das Tasten von Ziffern und Buchstaben sowie das spätere Schreiben.

- *Geräuschdosen* ermöglichen es den Kindern, Geräuschunterschiede wahrzunehmen und zu differenzieren. Das auditive Gedächtnis wird geschult, die Motorik geübt und eine Basis für den Umgang mit Musik geschaffen.

- *Wärmeleittäfelchen* machen sensibel für die Wahrnehmung von Temperaturunterschieden mit Hilfe von Täfelchen aus verschiedenen Materialien und mit unterschiedlicher Wärmeleitfähigkeit.

- *Gewichtstäfelchen* vermitteln eine differenzierte Wahrnehmung von „leicht" und „schwer" und unterstützen die motorische Entwicklung

Reggio-Pädagogik

Weitere Anregungen für Sinnesmaterialien sind in der von Malaguzzi und seinen Mitarbeitern entwickelten Reggio-Pädagogik zu finden. Hier wird besonderer Wert darauf gelegt, dass Kindergärten Erfahrungs- und Kommunikationsstätten werden, die alle Beteiligten und ihren Alltag mit einbeziehen. In dieser „Pädagogik der Bewegung" wird das Kind in seinem Recht und seiner Fähigkeit zu intensiven Wahrnehmungen respektiert. Es wird ermutigt, daraus seine eigenen Deutungen und Ausdrucksformen zu entwickeln. Statt immer nur über das Kind oder mit dem Kind zu sprechen, sind die Erwachsenen hier angehalten, dem Kind zuzuhören. Denn „Ein Kind hat hundert Sprachen, aber neunundneunzig werden ihm geraubt", wie es Malaguzzi in seinem bekannten programmatischen Gedicht formulierte. Im Rahmen dieser Arbeit sind viele Materialien entwickelt worden.

Im *Spiegelzelt* z. B. haben die Kinder die Möglichkeit, sich von oben und unten, von hinten und vorn und von allen Seiten zu betrachten und zu beobachten. Das Zelt ist groß und breit, und im Raum sollte genügend Platz dafür zur Verfügung sein. Gerade in der Wahrnehmungsecke wäre es für die Körpererfahrungen wünschenswert. Durch die vielfache Spiegelung wird beim Legen mit Naturmaterialien oder Muggelsteinen ein ganz neuer Spielanreiz geschaffen. Eine brennende Kerze verwandelt das Spiegelzelt in einen Sternenhimmel.

Weitere Sinnesmaterialien, die in Reggio-Kindergärten benutzt werden, sind Tastschlange, Tastmobiles, Tastsäule oder *Tastweg*, die wie die Tastbretter von Maria Montessori aus unterschiedlich beschaffenen Oberflächen bestehen und den Tastsinn fördern sollen. *Dosenglocken* sind dazu geeignet, die Wahrnehmung von Geräuschunterschieden zu fördern.

Bei der Reggio-Methode steht die Projektarbeit mit Kindern in kleinen Gruppen im Vordergrund. Beim Projekt „Farbe" z. B. können Kinder unterschiedliche Farbabstufungen durch eine ans Fenster geklebte Zwiebelschale erkennen. Genauso ergeben vor hellem Hintergrund die sich überlappenden Lagen von Seidenpapier neue Farbnuancen. Und durchsichtige Glasstückchen in einer Glasschüssel ergeben beim unterschiedlichen Einfall von Licht viele verschiedene Farbeffekte.

Solche und ähnliche Anregungen sollten

ebenfalls in der Wahrnehmungsecke angeboten werden. Wer das Material nicht selbst herstellen will, kann inzwischen aus einer Fülle von kommerziellen Angeboten auswählen.

Weitere Anregungen

Eine bunte Hängematte ist nicht nur ein beliebtes Spielgerät , sie kann auch bei Wahrnehmungs- oder Bewegungsstörungen durch das Schaukeln die Bewegungskoordination und den Gleichgewichtssinn fördern und auch die Körperhaltung des Kindes verbessern. Betreuungseinrichtungen, die für Kinder eine „Bewegungsbaustelle" geschaffen und darin eine Hängematte integriert haben, erleben, dass diese von den Kindern für viele Bewegungs- und Ruhemöglichkeiten genutzt wird.

Sinnesmaterial kann auch bei einer angeleiteten Beschäftigung im Stuhlkreis oder am Tisch nützlich sein. So können sich Kinder, die mit dem Stillsitzen im Stuhlkreis Schwierigkeiten haben, leise ein Sinnesmaterial aus der Wahrnehmungsecke holen. Einzige Regel ist, dass Sie sich ruhig damit beschäftigen und das Material nicht noch ein- oder mehrmals austauschen. Dabei kommt das Kind zur Ruhe und wird anschließend besser zuhöhren und sich konzentrieren können. Ähnliche Erfahrungen können Lehrer machen, die ihre Schüler im Unterricht stricken lassen. Ein Schüler, der nur ruhig dasitzt, zeigt mit diesem Verhalten noch lange keine aktive Beteiligung am Unterricht.

Der *Jahreszeitentisch* aus der Waldorfpädagogik in der Nähe der Wahrnehmungsecke, aber auch in der häuslichen Umgebung, lässt Kinder die Abläufe und Wiederholungen in der Natur unmittelbar sinnlich erfahren. Er kann vielleicht gerade bei Stadtkindern ein zentraler Ort sein, der Bezüge zur Natur herstellt und die Fantasie anregt.

Stille-Übungen und Entspannungs-spiele zur Sinnesschulung

Innere Ruhe bedeutet viel mehr als nur den Mund zu halten. Das Kind sammelt seine inneren Kräfte und wendet sich zur eigenen Mitte hin. Dabei wird der eigene Körper erlebt, er öffnet sich intensiven Empfindungen, und die Sinne sind geschärft. Das Kind übt mit allen Sinnen und dem ganzen Körper Aufnahmebereitschaft, Aufmerksamkeit und Konzentration wiederherzustellen. Konzentriertes Wahrnehmen und Unterscheiden wird gefördert. Auf den folgenden Seiten finden Sie Stille-Übungen und Entspannungsspiele zu den einzelnen Sinnen. Die Altersangabe dienen als ungefähre Orientierung.

Hören

Die Welt ist voll von Klängen, Geräuschen, Tönen, Stimmen. Unsere Ohren können wir, im Gegensatz zu den Augen, nicht verschließen, so dass wir fast ständig von Lauten oder Klängen umgeben sind.

Wir erkennen Töne wieder, die uns bekannt sind, Stimmen, die uns vertraut sind. Der Klang einer Stimme kann uns Gefühle mitteilen, Ärger, Freude, Trauer.

Das Summen des Computers, leise Radiomusik oder der brummende Kühlschrank sind Alltagsgeräusche, die wir oft überhören. In einer anderen Stimmung können sie uns auch unangenehm werden.

Draußen erleben wir die unterschiedlichsten Klangbilder. Auf der Straße überfällt uns Verkehrslärm, im Wald genießen wir die Ruhe, die von angenehmen Geräuschen erfüllt ist: Laub raschelt, Vögel singen ...

Melodien haben eine ganz unterschiedliche Wirkung. Ein Schlaflied beruhigt, Rockmusik regt zum Tanzen an.

Mit den folgenden Stille-Übungen und Entspannungsspielen ereschließen sich den Kindern viele Feinheiten im Reich der Töne und Geräusche.

Geräusche im Raum

Material: evtl. Farben und Papier
Alter: ab 5 Jahre

Die Kinder sitzen auf ihren Stühlen in der Königs- oder Droschkenkutscherhaltung mit geschlossenen Augen und sind mucksmäuschenstill. Eine Minute lang sollen sie aufmerksam horchen und sich merken, was sie hören. Wenn die Übung zu Ende ist, dürfen die Kinder leise sagen, welche Geräusche sie wahrgenommen haben.

Variante: Die Höreindrücke werden nicht beschrieben, sondern aufgemalt. Denken Sie daran, vorher Farben und Papier bereitzulegen.

Horch, was kommt von draußen rein

Material: evtl. Farben und Papier
Alter: ab 5 Jahre

Die Kinder sitzen mit geschlossenen Augen in der Königs- oder Droschkenkutscherhaltung auf ihren Stühlen und sind ganz ruhig. Zuvor hat ein Kind leise das Fenster und die Türe geöffnet.
Die Kinder sollen sich nun alles merken, was sie außerhalb des Raumes hören. Ist die Übung nach einer Minute beendet, dürfen die Kinder leise sagen, was sie gehört haben.

Variante: Die Höreindrücke werden nicht beschrieben, sondern aufgemalt. Denken Sie daran, vorher Farben und Papier bereitzulegen.

Meine Umwelt

Material: evtl. Farben und Papier
Alter: ab 5 Jahre

Fenster und Tür sind geöffnet. In der Königs- oder Droschkenkutscherhaltung sitzen die Kinder ganz still mit geschlossenen Augen auf ihren Stühlen. Sie sollen sich merken, was sie innerhalb und außerhalb des Raumes hören. Nach etwa einer Minute dürfen sie berichten, was sie gehört haben.

Variante: Die Höreindrücke werden nicht beschrieben, sondern aufgemalt. Denken Sie daran, vorher Farben und Papier bereitzulegen.

Geräusche herstellen und erkennen

Material: evtl. Papier, Klötzchen
Alter: ab 5 Jahre

In der Königs- oder Droschenkenkutscherhaltung sitzen die Kinder auf ihren Stühlen im Kreis und werden ganz still. Ein vorher bestimmtes Kind erzeugt ohne Hilfsmittel Geräusche, wie etwa mit der Handfläche auf den Tisch schlagen, mit den Fingern schnipsen oder mit den Füßen aufstampfen. Die Kinder merken sich, was sie gehört und erkannt haben und sagen es leise.

Variante: Papier wird zerknüllt, Klötzchen werden gegeneinander geschlagen ...

Aus welcher Richtung kommt der Klang?

Material: Triangel
Alter: ab 4 Jahre

Die Kinder sitzen bei dieser Übung, am besten mit geschlossenen Augen, im Stuhlkreis in der Königshaltung. Ein Kind, das vorher bestimmt wurde, geht ganz leise im Kreis herum und bleibt an einer beliebigen Stelle stehen, um den Triangel anzuschlagen. Die Kinder sollen bei noch geschlossenen Augen mit den Fingern zeigen, aus welcher Richtung der Ton kam. Erst danach dürfen sie die Augen öffnen um nachzusehen.

Variante: Das Kind mit dem Triangel bewegt sich auch außerhalb des Stuhlkreises.

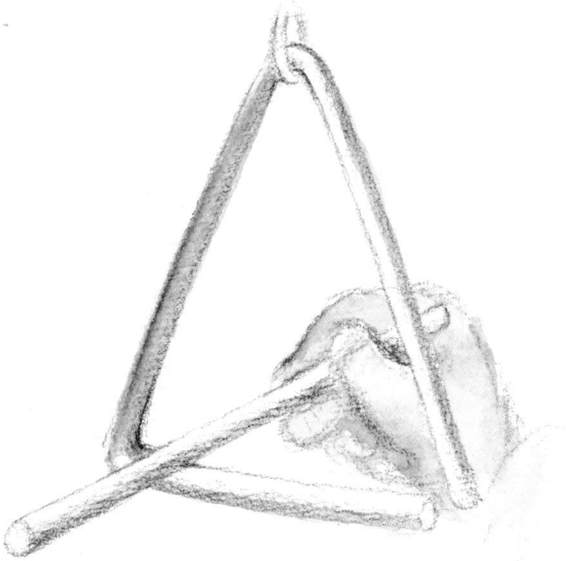

Wo ist der Wecker versteckt?

Material: (möglichst mechanischer) Wecker
Alter: ab 4 Jahre

Alle Kinder bis auf eines verlassen den Raum und bleiben vor der Tür. Das Kind im Raum soll einen laut tickenden Wecker verstecken, dessen Läutewerk aufgezogen und auf eine bestimmte Zeit eingestellt ist – je nach Größe des Raumes. Anschließend werden die Kinder aufgefordert, den Raum leise wieder zu betreten, um den Wecker zu suchen. Dabei dürfen keine Geräusche gemacht werden. Durch aufmerksames Hinhören sollen die Kinder versuchen den Wecker zu finden, bevor er zu rasseln beginnt.

Das Kind, das als erstes den Wecker entdeckt hat, ist Sieger und darf ihn als nächstes verstecken.

Variante: Nur ein Kind wird vor die Türe geschickt und soll dann den Wecker suchen.

Wie lang ist eine Minute?

Material: große Uhr mit Sekundenzeiger
Alter: ab 6 Jahre

Die Kinder sitzen im Stuhlkreis und verfolgen den Sekundenzeiger einer großen Uhr mit den Augen. Anschließend nehmen sie die Königs- oder Droschkenkutscherhaltung ein und schließen die Augen. Sie sollen die Hand heben, wenn sie glauben, dass eine Minute verstrichen ist und die Augen geöffnet werden dürfen. Bei dieser Übung geht es darum, dass die Kinder lernen eine Minute lang still zu sitzen.

Wer kann den Ton noch hören?

Material: Triangel
Alter: ab 4 Jahre

Die Kinder sitzen im Stuhlkreis in der Königs- oder Droschenkenkutscherhaltung. Die Augen sind geschlossen. Die Spielleiterin steht in der Stuhlkreismitte und schlägt den Triangel an. Welches von den Kindern glaubt den Ton nicht mehr zu hören, hebt die Hand. Die Spielleiterin, die den Triangel am besten dicht an ihr Ohr hält, teilt den Kindern dann mit, wann der Ton verklungen ist und die Augen wieder geöffnet werden können.

Wer ist herumgelaufen?

Alter: ab 5 Jahre

Die Kinder stehen mit geschlossenen Augen im Kreis. Die Spielleiterin tippt ein Kind aus der Runde an. Dieses Kind löst sich leise aus dem Kreis, geht einmal um ihn herum und stellt sich ebenso leise wieder auf seinen Platz. Die Kinder dürfen ihre Augen erst dann wieder öffnen, wenn sie die Pädagogin dazu auffordert. Nun dürfen sie raten, welches Kind den Kreis verlassen hatte.

Variante: Die Kinder sitzen im Stuhlkreis und haben die Augen geschlossen. Das Kind, das angetippt wurde, verlässt leise seinen Sitzplatz, geht um den Kreis herum und setzt sich ebenso leise wieder hin. Nach Aufforderung durch die Spielleitung öffnen die Kinder die Augen und beginnen zu raten.

Bleib stehen

Material: Handtrommel oder Kassettenrekorder mit Musik
Alter: ab 5 Jahre

Die Spielleiterin gibt durch Schlagen auf der Handtrommel ein Tempo für die Kinder vor, nach dem sie sich hüpfend, springend, schleichend, gehend oder laufend durch den Raum bewegen. Verstummt das Trommeln, müssen die Kinder stehen bleiben. Wer sich trotzdem noch bewegt, scheidet aus. Statt der Trommel kann ebenso Musik vom Kasettenrekorder eingesetzt werden.

Variante: Selbst erzeugte Geräusche – zum Beispiel in die Hände klatschen, mit den Füßen stampfen, mit den Fingern schnipsen – werden vorgegeben und von den Kindern nachgemacht. Bricht die Spielleiterin ab, müssen die Kinder stehen bleiben.

Schiff auf See

Alter: ab 6 Jahre

Um ein Kind herum stellen sich die anderen Kinder in einem relativ engen Kreis. Das Kind in der Mitte hat die Augen geschlossen. Es ist ein Schiff, das langsam auf einem See dahin gleitet. Kommt es dabei den anderen Kindern zu nahe, geben diese Summtöne ab. Jedesmal, wenn Summtöne zu hören sind, ändert das Kind in der Mitte seinen Kurs. Nach ein bis zwei Minuten wird gewechselt, so dass alle Kinder einmal Gelegenheit haben Schiff zu sein, sofern sie es möchten.

Variante: Schwieriger wird die Übung, wenn innerhalb eines größeren Kreises mehrere Kinder in der Mitte sind, ein Kind als Schiff, andere als Felsen oder Untiefen. Dann summen nicht nur die Kinder, die den Kreis bilden, sondern auch diejenigen, die die Felsen oder Untiefen darstellen.

Hören wie eine Katze

Material: Wollknäuel
Alter: ab 5 Jahre

Ein Kind sitzt mit geschlossenen Augen in der Mitte des Stuhlkreises auf dem Boden, es ist jetzt eine schlafende Katze, und neben ihm liegt ein Wollknäuel. Ein Kind aus dem Kreis versucht ganz leise zur Katze zu schleichen und das Knäuel zu entwenden. Hört die schlafende Katze ein Geräusch des schleichenden Kindes, so hält sie die Augen geschlossen und zeigt in die Richtung, aus der sie das Geräusch vermutet. Das nächste Kind muss es versuchen. Gelingt es einem Kind das Knäuel zu nehmen, so darf es als nächster die Katze sein.

Mäuse und Katze

Alter: ab 4 Jahre

Ein Kind liegt zusammengerollt mit geschlossenen Augen in der Mitte des Stuhlkreises. Es ist eine schlafende Katze. Die anderen Kinder sind Mäuse, die ganz leise auf die Katze zugehen und sie mit den Fingern oder Pfötchen berühren. Plötzlich wacht die Katze auf und macht einen Satz, um eines der Mäuschen zu fangen. Gelingt es ihr, so wird die gefangene Maus im nächsten Spiel die Katze.

Wer hat meine Mütze geklaut?

Material: Mütze
Alter: ab 5 Jahre

Die Kinder sitzen zusammen mit der Spielleiterin im Stuhlkreis. Ein Kind steht vor der Spielleiterin und legt seinen Kopf in ihren Schoß, so dass es nichts mehr sehen kann. Hinter diesem Kind liegt auf dem Boden eine Mütze. Die Spielleiterin blinzelt einem Kind aus dem Kreis zu, die Mütze an sich zu nehmen und zu verstecken. Erst wenn der „Dieb“ wieder auf seinem Platz sitzt, darf das „bestohlene“ Kind sich umdrehen und versuchen den Täter herauszufinden.

Wer klopft denn mit dem Hämmerchen?

Alter: ab 5 Jahre

Ein Kind aus dem Stuhlkreis tippt einem anderen, dessen Kopf auf dem Schoß der Spielleiterin liegt, auf den Rücken, verstellt seine Stimme und sagt: „Wer klopft denn mit dem Hämmerchen?“ Dann setzt es sich leise wieder auf seinen Platz. Danach erst darf das ratende Kind den Kopf vom Schoß hochnehmen, sich umdrehen und versuchen den „Anklopfer“ herauszufinden.

Geräuschememory

Material: 10 gleichaussehende leere Filmdöschen, grober Sand, kleine Steine, Bohnen, Korkenstücke, Holzperlen
Alter: ab 5 Jahre

Je zwei Filmdosen werden mit dem gleichen Inhalt – Sand, einem kleinen Stein ... – gefüllt. Die verschlossenen Dosen werden auf einem Tisch neu verteilt. Die Spieler sollen nun durch Schütteln herausfinden, in welchen zwei Dosen der gleiche Inhalt ist. Gewonnen hat das Kind, das die meisten Paare herausgehört hat.

Regenmacher

Material: 1 Pappröhre, ca. 60 cm lang, Durchmesser ca. 7 cm, 2 Verschlüsse , kleine dünne Nägel, Hammer, Sand oder Reis, Klebstoff, buntes Papier, Stoffreste o. ä.
Alter: ab 6 Jahre

Der Regenmacher, ein rituelles Instrument der Indianer zur Heraufbeschwörung von Regen, ist aus Chile zu uns gekommen. Im Inneren dieses Musikinstrumentes befinden sich feine Kieselsteine, die mit Holzstäbchen (Bambus-Rainmaker) oder mit Kaktusdornen (Kaktus-Rainmaker) durchsetzt sind. Die Stäbchen oder Dornen bremsen die rutschenden oder fallenden Kieselsteine ab, so dass ein lang anhaltendes, prasselndes Regengeräusch entsteht. Durch leichtes Drehen und Schräghalten des Rainmakers wird ein sanftes Regengeräusch erzeugt. Wird der Rainmaker plötzlich senkrecht gehalten, hört sich das wie ein Wolkenbruch an.

In die Pappröhre werden von außen mit einem Hammer vorsichtig Nägel eingeschlagen, so dass das Innere der Röhre über und über mit Nägeln bespickt ist. Die Nägelköpfe sitzen dicht auf der Röhrenoberfläche.

Um Verletzungen zu verhindern, wird diese mit buntem Papier umklebt. Ganz individuell kann man für dieses Instrument eine besondere Hülle gestalten aus Stoff- oder Lederresten, mit Kordeln, Perlen …

An einer Seite wird die Röhre verschlossen und dann etwa zu einem Drittel mit trocknem, feinen Sand oder Reis gefüllt. Der zweite Deckel wird aufgedrückt und festgeklebt.

Nun können die Kinder ihre Röhre hin- und herbewegen und das alte Indianerritual nachahmen.

Regen hören

Material: Rainmaker
Alter: ab 4 Jahre

Die Kinder sitzen in der Königs- oder Droschkenkutscherhaltung mit geschlossenen Augen im Stuhlkreis. Die Spielleiterin steht in der Mitte. Sie hält den Rainmaker waagerecht und dreht ihn ganz langsam in die Senkrechte. Ein Kind, das kein Regengeräusch mehr hört, hebt die Hand.

Komm, ich zeig dir einen Regenbogen

Material: Decke oder Matte, Kissen, Rainmaker, Meditationsmusik
Alter: ab 6 Jahre

Die Kinder holen sich eine Decke oder Matte und ein Kissen für den Kopf und nehmen die Entspannungshaltung im Liegen ein – nach Möglichkeit mit geschlossenen Augen. Für diese Übung sollte der Raum etwas abgedunkelt und angenehm temperiert sein.

Sehen

Mehr als die Hälfte aller Informationen, die unser Gehirn erhält, sind über die Augen dorthin gelangt. Wir erkennen Eigenschaften von Menschen und Gegenständen, wie klein, groß, dick oder dünn, lang oder kurz, rund oder eckig und sehen Farben und Mengen, erkennen Unterschiedliches und Gleiches und nehmen Entfernung, Nähe und Bewegung wahr. Unser eigenes Weltbild und unsere Ansichten werden weitgehend von den Erfahrungen bestimmt, die wir über das Sehen gemacht haben.

Optische Täuschungen sind deshalb so faszinierend, weil sie uns zeigen, dass optische Eindrücke unzuverlässig sein können.

Vielen ist die Fähigkeiten verloren gegangen, ihr Augenmerk auf die unscheinbaren Dinge zu richten. Mit offenen Augen durch die Welt zu gehen, heißt Wahrnehmungen zu vertiefen und differenziert damit umzugehen. Dazu sollen die folgenden Anregungen und Spiele beitragen.

Welcher Gegenstand oder Buchstabe fehlt?

Material: Zettel mit Buchstaben, verschiedene Gegenstände
Alter: ab 8 Jahre

In der Mitte des Stuhlkreises befinden sich vier bis fünf Gegenstände – z. B. Bleistift, Lineal, Radiergummi und Spitzer – und vier bis fünf Zettel mit aufgemalten Buchstaben. Ein Kind aus dem Stuhlkreis soll sich die Gegenstände oder Buchstabenzettel genau ansehen und benennen, bevor es den Raum verlässt. Ein anderes Kind nimmt einen Gegenstand oder einen Zettel weg und versteckt ihn. Dann wird das erste Kind wieder hereingeholt und versucht herauszufinden, welcher Zettel oder Gegenstand fehlt. Dieses Kind kann zusätzlich die Aufgabe erhalten, die Stelle zu benennen, an der der jetzt fehlende Gegenstand vorher lag.

Variante für Jüngere: Es werden ausschließlich Gegenstände eingesetzt.

Figuren legen

Material: 5 – 6 Springseile oder Naturmaterialien
Alter: ab 6 Jahre

In der Stuhlkreismitte werden verschiedene Figuren mit Springseilen gelegt, z. B. Kreis, Quadrat, Dreieck, die Konturen eines Hauses. Während ein Kind vor der Tür wartet, verändert ein anderes eine gelegte Form oder nimmt sie ganz weg. Das wieder herbeigeholte Kind soll nun erkennen, was sich verändert hat oder nicht mehr vorhanden ist.

Variante: Die Figuren werden mit Naturmaterialien, etwa Ästen oder Steinen, gelegt.

Plätze tauschen

Material: Mütze
Alter: ab 4 Jahre

Das Spiel eignet sich sowohl für den Stuhlkreis in der Kindertagesstätte als auch für die Sitzanordnung im Klassenzimmer. Die Aufgabe besteht darin, dass ein Kind den Raum verlässt und vor der Tür wartet. Im Raum tauschen nun zwei Kinder ihre Sitzplätze. Das zurückgekehrte Kind soll dann herausfinden, wer mit wem getauscht hat.

Variante: Mehrere Kinder tauschen ihre Plätze untereinander.

Hier stimmt was nicht

Alter: ab 5 Jahre

Ein Kind aus dem Stuhlkreis wird aufgefordert, sich alle anderen Kinder ganz genau anzusehen. Danach verlässt es den Raum. Dann gibt ein Kind aus dem Stuhlkreis eins seiner Kleidungsstücke ab. Das andere Kind wird zurückgeholt und soll feststellen, was sich bei welchem Kind verändert hat. Hat es damit Schwierigkeiten, kann der Gegenstand umschrieben werden.

1. Variante: Zwei Kinder tauschen untereinander Kleidungsstücke aus, z. B. Pullover, Schuhe.

2. Variante: Ein Kind aus dem Stuhlkreis bekommt etwas dazu, zum Beispiel eine Kette oder einen Schal.

Ordnung muss sein

Material: Spielbrett, Spielfiguren oder Korken oder Münzen, Tisch
Alter: ab 5 Jahre

Ein beliebiges Spielbrett von zum Beispiel Halma oder Mühle liegt auf dem Tisch. Darauf befinden sich fünf bis zehn Spielfiguren, Korken oder Münzen. Ein Kind prägt sich das Ordnungsschema gut ein, bevor es den Raum verlässt. Nun wird eine Figur weggenommen. Das zurückgekehrte Kind soll feststellen, wo die Spielfigur fehlt.

Schuhsalat

Material: Schuhe
Alter: ab 4 Jahre

Die Kinder legen ihre Schuhpaare in die Mitte des Stuhlkreises. Die Schuhe werden durcheinandergemischt. Ein Kind darf dann versuchen, die Schuhe den Besitzern zuzuordnen. Macht es dabei einen Fehler, kommt das nächste Kind an die Reihe.

Wo ist der Ring?

Material: Ring oder Stein
Alter: ab 4 Jahre

Die Kinder sitzen im Stuhlkreis und halten ihre Hände auf dem Rücken, eines von ihnen hält in seinen Händen einen Ring oder Stein, der auf ein Zeichen der Spielleiterin – möglichst unauffällig – hinter dem Rücken von Kind zu Kind weitergereicht wird. In der Kreismitte steht ein Kind, das versuchen muss, den Weg von Ring oder Stein im Auge zu behalten. Nach einer Weile ruft es „Halt!" Nun darf der Gegenstand nicht mehr weitergegeben werden, und das Kind versucht zu erraten, in wessen Händen der Ring sich befindet. Hat es falsch geraten, bleibt es noch eine weitere Runde in der Mitte.

Wer dirigiert das Orchester?

Alter: ab 6 Jahre

Ein Kind verlässt den Raum. Die anderen sitzen im Stuhlkreis und bestimmen eines von ihnen zum „Dirigenten". Dieser Dirigent gibt pantomimisch bestimmte Instrumente vor, wie zum Beispiel Klavier, Cello, Flöte, Geige oder Gitarre. Die anderen Kinder machen die Bewegungen aber so rasch nach, dass niemand erkennen kann, wer der Dirigent ist. Wenn das „Orchester" begonnen hat, kommt das Kind wieder herein. Es muss nun herausfinden, wer der „Dirigent" ist.

Variante: An Stelle der Instrumentenpantomime kann auch geklatscht, gestampft oder der Bauch gerieben werden.

Wer gibt den Ton an?

Alter: ab 6 Jahre

Die Kinder sitzen im Stuhlkreis. Ein Kind dreht sich von der Gruppe weg und die Spielleiterin blinzelt einem anderen Kind zu, das zur „Mutter" oder zum „Vater" der Kinder bestimmt wird. Das Kind ahmt von seinem Platz aus pantomimisch hauswirtschaftliche Tätigkeiten nach, beispielsweise Bügeln, Kochen, Putzen etc. vor und die restlichen Kinder machen die Bewegungen nach. Erst wenn die erste Bewegung im Gang ist, darf sich das Kind zur Gruppe umdrehen. Es muss nun die Gruppe genau beobachten und die Mutter bzw. den Vater herausfinden.

Bildhauer

Alter: ab 8 Jahre

Es werden zwei Gruppen gebildet, die sich eine Berufssituation überlegen sollen. Dabei darf der anderen Gruppe nichts verraten werden. Ein Mitspieler aus der Gruppe, die sich eine Berufssituation überlegt haben, wird zum Bildhauer und formt ohne Worte seine Gruppe zu beispielsweise zu einer Fußballmannschaft auf dem Sportplatz, zu Bäckern in der Backstube etc. Die andere Gruppe beobachtet, was der „Bildhauer" mit der Gruppe macht, bzw. welche Berufssituation dargestellt werden soll. Dabei wird von der Spielleiterin die Zeit, welche zum Erraten benötigt wurde, gestoppt. Anschließend dürfen die anderen ihre Berufssituation darstellen.

Sieger ist die Gruppe, welche am schnellsten herausfinden konnte, was die andere Grupee dargestellt hat.

Dieses Spiel eignet sich auch für Eltern an einem Elternabend.

Die Ampel

Material: rotes, gelbes und grünes Papier
Alter: ab 4 Jahre

Mit den Kindern wird die Funktion der Verkehrsampel besprochen und auf die Bedeutung der Farben aufmerksam gemacht. Anschließend dürfen die Kinder im Raum umher gehen. Hebt die Spielleiterin ein rotes Papier hoch, müssen die Kinder stehen bleiben und dürfen sich nicht mehr bewegen. Wird ein gelbes Papier in die Höhe gehalten, dann hüpfen die Kinder auf der Stelle. Bei grünem Papier dürfen sie weiter im Raum umher gehen, nachdem sie vorher genau geschaut haben, ob kein Auto kommt.

Zu Eis erstarren

Material: Zauberstab (Stock, mit glänzendem Papier umwickelt oder mit Glitzersternen beklebt)
Alter: ab 5 Jahre

Die Kinder gehen solange im Raum auf und ab, bis der Zauberer sie mit seinem Zauberstab berührt und durch einen Zauberspruch zu Eis verwandelt. Dann wird eins der Kinder aufgefordert, sich die Haltung aller Kinder genau zu merken, und anschließend vor die Tür geschickt. Jetzt wird die Haltung eines Kindes verändert. Das zurückgekommene Kind soll nun versuchen, die Veränderung herauszufinden. Ist die Aufgabe erfüllt, entzaubert der Zauberer mit seinem Spruch die Eiskinder wieder.

Phantasiebilder pusten

Material: Papier DIN-A3, Haarpinsel, Becher, Wasserfarbe (rot, gelb oder blau), Strohhalme, Wachsmalkreide, getragene Musik
Alter: ab 5 Jahre

Die Kinder ziehen einen Malkittel an und holen sich Malpapier (DIN-A3), einen Pinsel, einen Becher mit Wasser und eine Wasserfarbe und setzen sich an einen Tisch mit Malunterlage. Sie erhalten die Aufgabe, mit dem Pinsel dicke Wasserfarbentropfen auf das Papier aufzutragen.

Sind genügend Tropfen auf dem Papier, sollen die Kinder mit einem Strohhalm in die Tropfen hineinblasen, woraufhin diese sich nach allen Seiten ausbreiten. Getragene Musik, zum Beispiel „A touch without a touch" von der CD „Reiki, Musik für heilsame Berührungen" führt bei dieser Aufgabe zu innerer Ruhe.

Während das eigene Bild trocknet, können die Kinder aufstehen und sich die Bilder der anderen ansehen. Anschließend kehrt jedes Kind an seinen Platz zurück und versucht die entstandenen Gebilde mit einem Wachsmalstift zu Figuren, Tieren oder Gegenständen zu vervollständigen. Am nächsten Tag kann das Bild durch Hinzufügen einer weiteren Grundfarbe ergänzt und bereichert werden.

Der Chefkoch

Material: frisches Obst, Haferflocken, Milch
Alter: ab 5 Jahre

Die Kinder sitzen im Stuhlkreis. Gemeinsam wird überlegt, welche Zutaten für ein Müsli benötigt werden. Diese werden dann in die Mitte des Kreises gestellt. Anschließend dürfen zwei Kinder alle Zutaten genau ansehen und nacheinander benennen, bevor sie vor die Tür gehen. Nachdem ein Kind aus dem Stuhlkreis beispielsweise ein Stück Obst entfernt und versteckt hat, dürfen die beiden Kinder in den Raum zurückkehren. Sie sollen nun feststellen, welche Zutat fehlt. Das Kind, das als erstes die Antwort weiß, ist Chefkoch und darf das Müsli zubereiten.

Entspannungsbilder herstellen

Material: Urlaubsfotos, Matte oder Decke, Kopfkissen, getragene Musik, Wasserfarben, Papier
Alter: ab 5 Jahre

Mit den Kindern wird über Orte gesprochen, an denen man zu innerer Ruhe kommen kann. Dazu haben sie von zu Hause Fotografien vom Urlaub oder von einem Ausflug mitgebracht, auf denen Meer, Strand, Berge Wälder oder Wiesen zu sehen sind. Gemeinsam werden die Bilder angesehen und besprochen: „Welche Gefühle hatten wir, als wir am Meer saßen? Wie war die Stimmung, als wir uns auf der Wiese ausgeruht haben?"

Variante: Orte, die zur Ruhe führen können, werden in der näheren Umgebung gemeinsam mit den Kindern gesucht und fotografiert. Diese Fotos werden ausgestellt und besprochen. Anschließend darf sich jedes Kind eine Decke oder Matte und ein Kissen für den Kopf holen und eine entspannte Haltung einnehmen. Wer möchte, kann sein Entspannungslicht holen, es neben sich stellen und anzünden. Jedes Kind sollte genügend Platz haben und bequem liegen. Wer möchte, kann die Augen schließen oder seinen Blick auf die brennende Kerze richten.

Der Erwachsene weist darauf hin, dass jetzt alle Geräusche langsam aufhören und es still wird. Jedes Kind soll sich in Gedanken sein Ruhebild, einen Ort, an dem es sich wohlfühlen kann, herbeiholen. Danach setzt getragene Musik ein, zum Beispiel „Red balloon" aus der CD Sleepytime oder „Kuschelmelodie" aus der CD Kinderträumeland.

Wenn die Musik zu Ende ist, sollen die Kinder langsam von ihrem Ort zurückkommen. Das Ruhebild der Kinder verblasst allmählich, und die Augen werden langsam geöffnet. Nach einer kurzen Pause richten die Kinder ganz langsam den Oberkörper auf, stellen sich hin und ballen die Hände zu Fäusten. Sie recken und strecken sich, recken und strecken sich. Mit der Formel: „Ich bin frisch und wach wie ein munterer Fisch im Bach" wird das Zurückkommen der Kinder unterstützt.

Anschließend wird gemeinsam über die Musikentspannung und den Ruheort gesprochen. Jedes Kind malt sein Ruhebild. Dabei sollten ihm auch Wasserfarben zur Verfügung stehen.

Riechen und Schmecken

Geruchs- und Geschmackssinn stehen in enger Beziehung zueinander. Wenn wir verschnupft sind, können wir leicht das Gefühl bekommen, das Essen sei zu wenig gewürzt. Der Geschmackssinn teilt uns mit, ob etwas süß, sauer, bitter oder vielleicht pikant schmeckt. Wenn wir eine Lieblingsspeise schmecken, erinnern wir uns vielleicht an eine schöne Situation. Noch stärker beeinflussen uns aber Gerüche: Sie können Stimmungen in uns erzeugen und sie auch verändern.

Bereits die Ägypter benutzten ätherische Öle zu Heilzwecken, bei religiösen Zeremonien, zur Körper- und Gesichtspflege. Basierend auf diesem aten Wissen entstand die Aromatherapie, deren Ziel es ist, mit ätherischen Ölen den Geruchssinn zu stimulieren und die Stimmung positiv zu beeinflussen.

So wirken beispielsweise zwei Tropfen Zitronenöl, auf ein Tuch geträufelt und aufs Kopfkissen gelegt, belebend. Und acht Tropfen Jasminöl in der Duftlampe unterstützen noch die festliche Stimmung bei einem guten Essen. Allerdings lässt sich die Wirkung von Gerüchen nur schwer verallgemeinern, da sie individuell sehr unterschiedlich erfahren werden.

Die folgenden Übungen und Entspannungsspiele tragen dazu bei, dass Kinder Geruch und Geschmack intensiver differenzieren und wahrnehmen.

Grundregeln für den Umgang mit ätherischen Ölen

- Ätherische Öle nur tröpfchenweise verwenden. Sie sind hochkonzentriert
- Öle sind bei Überdosierung giftig, deshalb nie mehr Tropfen verwenden als angegeben
- Öle niemals unverdünnt auf die Haut auftragen oder einnehmen
- Unbedingt einen Arzt aufsuchen, wenn ein Spritzer Öl ins Auge gekommen ist. Das Auge nie mit Wasser, sondern mit einigen Tropfen reinen Mandelöls auswaschen
- Öle immer außerhalb der Reichweite von Kindern aufbewahren

Gewürzkästchen

Material: 6 leere Streichholzschachteln, 6 verschiedene Gewürze, z. B. Paprika, Pfeffer, Zimt, Vanille, Bohnenkraut, Majoran
Alter: ab 5 Jahre

Sechs leere Streichholzschachteln werden mit unterschiedlichen Gewürzen gefüllt und geschlossen.

Anschließend wird ein Stuhlkreis gebildet, bei dem die Kinder die Königshaltung wählen können. Zur intensiveren Wahrnehmung schließen sie beim Riechen die Augen. Die Spielleiterin nimmt die gefüllten Schachteln, öffnet sie, und läßt sie eine nach der anderen von Kind zu Kind gehen. Wenn alle Kinder an einer Schachtel gerochen haben, wird über das Gewürz und das Aroma gesprochen.

Flüssig oder fest?

Material: 6 Riechdosen mit folgendem Inhalt: Essig, Milch, Wasser, Apfelschale, Orangenschale, Zitronenschale
Alter: ab 5 Jahre

Die Riechdosen, zum Beispiel schwarze, leere Filmdosen, die gleich aussehen, werden mit unterschiedlichen Flüssigkeiten oder Obstschalen gefüllt. Im Stuhlkreis werden die Riechdosen nacheinander herumgegeben. Beim Riechen kann das Kind die Augen schließen und sich ganz dem Duft überlassen. Bei einer großen Gruppe können auch mehrere Dosen gleichzeitig in Umlauf gebracht werden. Dadurch wird vermieden, dass die Kinder unruhig und ungeduldig werden. Die Gerüche sollen, nachdem alle Riechdosen in Umlauf waren, benannt werden. Die Kinder sollen auch erkennen, ob der genannte Inhalt flüssig oder fest ist.

Duftblumen

Material:
für die Blume: Tonpapier, Krepppapierreste einer Farbe, Schere, Klebstoff
für den Duft: jeweils 1 bis 2 Tropfen Zitronenöl, Orangenöl, Mandarinenöl, Rosenöl, Veilchenöl, Jasminöl
Alter: ab 6 Jahre

Die Kinder sollten die Früchte und Blüten der zu verwendenden Öle kennen, bevor die Duftblumen gebastelt werden.

Auf Tonpapier wird sechsmal der gleiche Umriß einer Blume gezeichnet und ausgeschnitten. Die Blumen müssen gleich groß sein. Anschließend wird das Krepppapier in kleine Stücke gerissen. Daraus formen die Kinder Kügelchen, die auf die ausgeschnittenen Blumenumrisse geklebt werden. Alle Blumen sehen gleich aus, riechen aber unterschiedlich, weil sie mit verschiedenen Ölen beträufelt worden sind.

Sinnesübung Duftblume

Material: Duftblumen
Alter: ab 6 Jahre

Die Kinder sitzen in der Königshaltung im Stuhlkreis und sind ganz still. Um den Duft intensiver aufnehmen zu können, dürfen sie die Augen schließen. Die Spielleiterin lässt die Kinder nacheinander an den verschiedenen Duftblumen riechen. Anschließend werden die Düfte benannt.

Duftmemory

Material: 12 Duftblumen
Alter: ab 6 Jahre

Bei diesem Spiel werden weitere sechs Duftblumen (s. „Duftblumen“) benötigt. Insgesamt gibt es nun zwölf Blumen, von denen jeweils zwei denselben Duft haben. Jedes Blumenpaar wird auf der Rückseite des Tonpapiers mit demselben Symbol, wie Kreis, Quadrat, Dreieck, markiert. Dadurch erkennen die Kinder nach dem Riechen, ob sie den Duft richtig oder falsch zugeordnet haben.

Sind die Blumen hergestellt, wird Memory gespielt. Hat ein Kind durch richtiges Riechen ein Paar entdeckt, darf es gleich noch einmal sein Glück versuchen. Sieger ist das Kind mit den meisten Duftblumen-Paaren.

Süß, sauer oder salzig?

Material: Pipette, Flüssigkeiten und Nahrungsmittel, die süß, salzig, sauer oder bitter schmecken, z. B. Apfelsaft, Orangensaft, Bitter Lemon, Salzstangen, Kartoffelchips, Rhabarber, Zitrone, Zartbitterschokolade
Alter: ab 5 Jahre

Die Kinder sitzen im Stuhlkreis. Nacheinander erhalten sie von der Spielleiterin etwas zu essen oder einen Tropfen Flüssigkeit aus einer Pipette auf den Handrücken. Mit geschlossenen Augen soll gekostet werden. Wenn alle Kinder an der Reihe waren, soll das Gekostete benannt werden.

Fühlen

Die Haut ist das größte Sinnesorgan des Menschen. Sie umgibt unseren Körper und schützt ihn. Wir fühlen mit unserem ganzen Körper. Sonnenschein tut den meisten Menschen besonders gut und hebt ihre Stimmung, Regen und starker Wind werden als eher unangenehm erlebt, bei Druck und Verletzungen empfinden wir Schmerzen, und auch Hitze und Kälte spüren wir auf unserer Haut.

Die Empfindlichkeit unserer Haut ist jedoch nicht überall gleich. An den Fingerkuppen liegen die Sinneszellen zum Beispiel viel dichter beieinander als auf dem Handrücken. Mit den Fingerspitzen ertasten nur noch schwach sehende oder erblindete Menschen die Blindenschrift. Viel stärker als Sehende sind sie darauf angewiesen, ihre Informationen über den Tastsinn zu erhalten.

Die unterschiedlichsten Empfindungen, die unser Körper aufnimmt, werden auch von unserem Gehirn unterschiedlich verarbeitet. Wenn ein Kind ein Stück Schokolade isst, erhält das Gehirn eine andere Information, als wenn es sich beim Fallen gerade das Knie aufgeschlagen hat. Und nur weil das Gehirn die Informationen, die der Tastsinn übermittelt, so schnell „übersetzt", zieht ein Kind seine Finger sofort wieder von der heißen Herdplatte zurück.

Die folgenden Übungen und Entspannungsspiele sollen den Kindern helfen, ihren Körper bewusster wahrzunehmen. Nur durch Sehen oder Tasten erfahren wir, ob etwas dick oder dünn, groß oder klein, rund oder eckig, glatt oder rau, warm oder kalt ist.

Ton oder Knetmasse bewusst erleben

Material: Ton oder Knetmasse, Unterlage, Schwung- oder Leintuch, Meditationsmusik
Alter: ab 9 Jahre

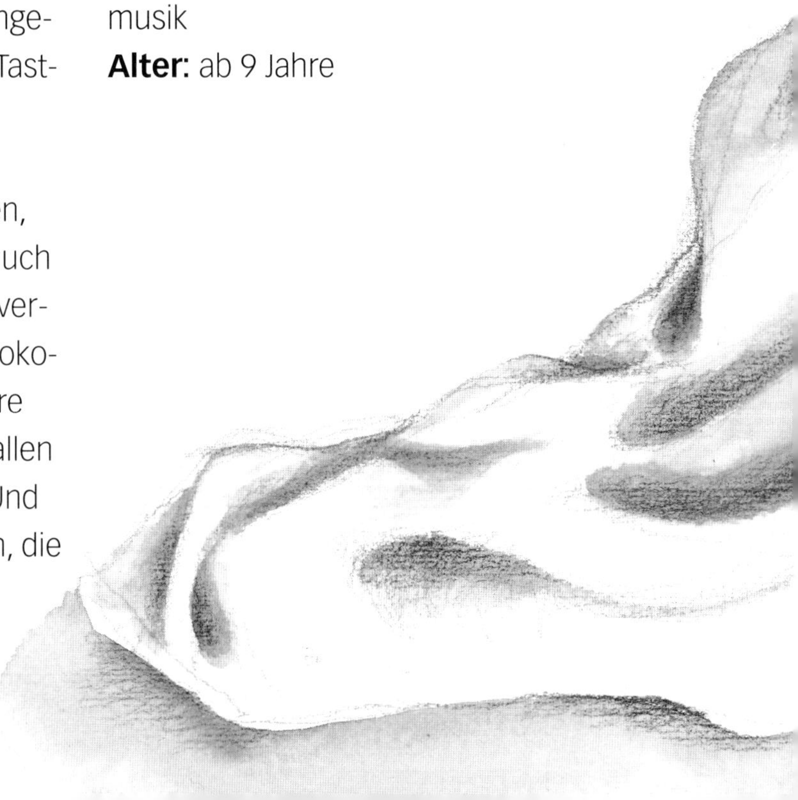

Jedes Kind bekommt entweder ein Stück Ton oder Knetmasse. Auf einer Unterlage, versteckt unter einer Zeitung oder einem Tuch, soll etwas geformt werden. Meditationsmusik, zum Beispiel die „Romanze" von Dvorak, soll zum Formen und Gestalten motivieren. Anschließend deckt jedes Kind sein Werk auf und berichtet, wie es ihm beim Formen ergangen ist.

Variante: Jedes Kind schreibt zu jedem Werk seiner Mitspieler seine Vorstellung auf einen Zettel. Anschließend darf das Kind sein Werk zeigen und die Notizen der anderen dazu vorlesen.

Wollknäuel ab- und aufwickeln

Material: 1 Wollknäuel
Alter: ab 4 Jahre

Die Kinder sitzen mit geschlossenen Augen in der Königshaltung im Stuhlkreis. Eins der Kinder hat ein Wollknäuel in der Hand. Das Fadenende hält es fest, das Knäuel gibt es an das Nachbarkind weiter. Das Wollknäuel wird immer weiter gereicht und immer weiter abgewickelt. Dabei muss jedes Kind den Faden in der Hand behalten. Ist das Knäuel beim letzten Kind angekommen, dürfen die Augen geöffnet werden. Die Kinder sehen sich das Ergebnis an und erkennen einen Kreis, der sie miteinander verbindet. Anschließend kann – wieder mit geschlossenen Augen – das Spiel in der umgekehrten Reihenfolge beginnen. Jetzt wird das Knäuel aufgewickelt und damit die Feinmotorik geschult.

Riesenluftballon fühlen und weitergeben

Material: Riesenluftballon (Durchmesser 1 m), großes Leintuch
Alter: ab 5 Jahre

Die Kinder sitzen auf einem Kissen im Kreis. Die Spielleiterin holt den mit einem Leintuch verhüllten Riesenluftballon. Ganz langsam, um die Spannung der Kinder zu steigern, nimmt sie das Leintuch weg. Dann schließen die Kinder die Augen und der Ballon wird an das erste Kind übergeben. Es soll ihn mit geschlossenen Augen befühlen und dann weitergeben. Sind alle Kinder an der Reihe gewesen, dürfen die Augen wieder geöffnet werden. Gemeinsam werden die Eigenschaften des Ballons zusammengetragen: Form, Größe, Beschaffenheit der Haut.

Fußluftballon

Material: Riesenluftballon (Durchmesser 1 m)
Alter: ab 5 Jahre

Das Entspannungsspiel „Riesenluftballon fühlen und weitergeben" ist Grundlage für dieses Spiel. Die Kinder müssen die Eigenschaften des Riesenluftballons kennengelernt haben.

Beim „Fußluftballon" dürfen sie ihre Schuhe ausziehen und einen Sitzkreis bilden. Die Kinder sollen gemeinsam versuchen, mit ihren Füßen vorsichtig mit dem Ballon zu spielen. Der Ballon soll nach Möglichkeit im Kreis bleiben und bewegt werden.

Zeichnen auf der Haut

Alter: ab 5 Jahre

Jeweils zwei Kinder bilden eine Gruppe. Ein Kind setzt sich in der Königs- oder Droschenkenkutscherhaltung auf einen Stuhl. Dabei kann es die Augen schließen. Das andere Kind stellt sich dahinter und zeichnet mit einem Finger auf den Rücken einen Kreis, ein Quadrat, Rechteck oder Dreieck. Das sitzende Kind soll erraten, um welche Figur es sich gehandelt hat. Bei der richtigen Antwort werden die Rollen getauscht.

Variante: Schulkinder können Zahlen und Buchstaben zeichnen.

Die stille Post

Alter: ab 6 Jahre

Die Kinder sitzen mit geschlossenen Augen hintereinander in der Königshaltung. Das letzte Kind in der Reihe schickt ein Telegramm ab, indem es mit einem Finger eine geometrische Figur auf den Rücken des vor ihm sitzenden Kindes zeichnet. Dieses nimmt wortlos das Telegramm entgegen und wiederholt die Zeichnung auf dem Rücken vor sich. Dies wird solange fortgeführt, bis das Telegramm das erste Kind in der Reihe erreicht hat. Die Kinder öffnen jetzt die Augen, und das vorderste Kind berichtet, was bei ihm angekommen ist.

Die Waage

Material: zwei gleiche, jedoch unterschiedlich schwere Gegenstände, z. B. Murmeln, Perlen, Steine, Hölzer, evtl. 1 Waage
Alter: ab 5 Jahre

Ein Kind stellt sich vor den Stuhlkreis. Es hat die Arme ausgestreckt und stellt eine Waage dar, seine Augen sind geschlossen. Es bekommt in jede Hand den gleichen Gegenstand. Die Gegenstände unterscheiden sich nur durch das Gewicht voneinander, z. B. eine Glas- und eine Tonmurmel. Die Hand mit dem leichteren Gewicht wird von dem ausgestreckten Arm nach oben geführt, die Hand mit dem schwereren nach unten. Zum Vergleich können die Materialien auf der Waage nachgewogen werden.

Mein Kleid

Material: Stoffreste, wie Baumwolle, Wolle, Jute, Seide, synthetische Stoffe, Leder
Alter: ab 8 Jahre

Die Kinder sitzen mit geschlossenen Augen in der Königshaltung im Stuhlkreis. Die Stoffe werden nacheinander im Kreis herumgereicht. Die Kinder sollen durch Befühlen versuchen die Stoffreste zu erkennen. Dabei darf nicht gesprochen werden. Anschließend werden die Augen geöffnet und die Kinder berichten, welche Stoffe sie gefühlt haben und für welchen Zweck sie geeignet sein könnten: Frühling, Sommer, Herbst, Winter, Alltagskleid oder Abendkleid.

Variante: „Kasten mit Stoffen" von Maria Montessori, die sich in Material, Qualität, Farbe und Muster unterscheiden. Die Kinder sollen über den Tastsinn verschiedene Stoffqualitäten, die sich im Kasten befinden, erkennen.

Der Nikolaussack

Material: kleiner Jutesack mit unterschiedlichen Formen wie Kreis, Quadrat, Rechteck, Trapez oder Viereck.
Alter: ab 5 Jahre

Die Kinder sitzen still im Stuhlkreis. In einem Jutesack steckt eine geometrische Form, die von einem Kind durch Tasten erkannt werden soll. Hat das Kind sich geirrt, kommt bei der nächsten Form ein anderes an die Reihe.

Variante für Ältere: Im Nikolaussack befindet sich ein Buchstabe oder eine Zahl, die durch Tasten erkannt werden soll.

Warm oder kalt

Material: Gegenstände in ähnlicher Größe aus unterschiedlichen Materialien: Buchenholz, Marmor, Eisen, geschliffenes Glas, Kork, Filz
Alter: ab 5 Jahre

Die Kinder sitzen still im Stuhlkreis. Die Spielleiterin geht auf ein Kind zu, das dann die Augen schließen soll. Dieses Kind darf seine Hände leicht auf zwei Gegenstände aus unterschiedlichem Material legen und erfährt dadurch den Unterschied in der Wärmeleitfähigkeit der einzelnen Materialien. Soll auch die Gleichheit von Materialien gezeigt werden, benötigt man die Gegenstände doppelt.

Das Kind soll, bevor es die Augen wieder öffnet, mitteilen, ob sich das Material kalt oder warm angefühlt hat.

Variante: „Wärmeleittäfelchen" oder „Wärmekrüge" von Maria Montessori zur Wahrnehmung von Temperaturunterschieden

Igelball

Material: Igelbälle, Matten oder Decken, Musik zum Träumen
Alter: ab 5 Jahre

Je zwei Kinder haben gemeinsam einen Igelball aus Gummi bzw. weichem Kunststoff , der eine Oberfläche aus dicken Stacheln hat. Ein Kind legt sich ohne Schuhe auf einer Decke oder Matte in der Entspannungshaltung auf den Rücken. Die Beine sind nebeneinander, die Arme liegen neben dem Körper. Die Augen können geschlossen sein. Das zweite Kind rollt und führt den Igelball langsam über den Körper des liegenden Kindes, wobei der Ball immer in Berührung mit dem Körper bleiben muss. So werden nacheinander alle Körperteile abgerollt. Das liegende Kind soll in Gedanken dem Igelball folgen und dabei darauf achten, welche Empfindungen es bei den Berührungen mit dem Ball, bezogen auf die unterschiedlichen Körperpartien, hat. Dann tauschen die Kinder ihre Rollen.

Diese Massage kann durch Meditationsmusik oder durch Musik zum Träumen unterstützt werden.

Variante: Probieren Sie verschiedene Geräte: Massageroller statt Igelball; Noppenbälle – sie sind aufgrund der flacheren Oberfläche leicht zu greifen und eignen sich zur Körper-, Hand- und Fußmassage; Igelrolle – sie besteht aus einem weichen Kunststoff mit vielen greiffreundlichen „Stacheln".

Greif- und Massageball herstellen

Material: 1/4 Beutel Reis, 2 Luftballons, 1 Trichter, Schere, Musik zum Träumen
Alter: ab 6 Jahre

Je zwei Kinder sind mit der Herstellung von zwei Massagebällen beschäftigt. Jedes Kind darf bei der Vorbereitung das Mundstück eines Luftballons abschneiden, danach müssen sie einander helfen.

In den Ballon mit Mundstück wird ein Trichter eingeführt.

Ein Kind hält nun Ballon und Trichter, das zweite füllt Reis ein.

Ist genügend Reis eingefüllt, wird über den ersten Ballon der zweite umgekehrt gestülpt.

Ist für jedes Kind ein Massageball fertiggestellt, können die Kinder ihren Ball über ihren Körper oder um sich herum rollen. Auch das Zurollen untereinander läßt spielend Kontakte entstehen.

Die selbstgemachten Massagebälle können auch für das Spiel „Igelball" genutzt werden.

Entspannungsspiele mit Bewegung und Musik

Bewegung und Musik werden von Kindern als zusammengehörige Einheit erlebt. Vor allem Jüngere setzen wahrgenommene Klänge, Töne und Rythmus sofort in Bewegung um. Mit ihrem ganzen Körper drücken sie Gefühle und Stimmungen aus. Innere Bewegtheit und äußerlich sichtbares Bewegungsverhalten ist bei jüngeren Kindern besonders eng miteinander verbunden.

Deshalb dürfen Körper- und Bewegungserfahrungen nicht nur zu festgesetzten Zeiten zugelassen sein. Die Basis jeder Elementarerziehung sind Bewegungserfahrungen, die das Kind unterstützen selbständige Erfahrungen zu sammeln, handlungsfähig zu werden und sich mit sich selbst und seiner Umwelt auseinanderzusetzen.

Musik kann Bewegung anregen, verstärken und zum Singen oder zu Sprachspielen motivieren.

Wolfgang Hering, Mitglied von „Trio Kunterbunt", zeigt in seinem bei Ökotopia erschienenen Buch mit CD, was alles mit „Klang- und Klatschgeschichten" gemacht werden kann.

Impulse für ein Bewegungsspiel kommen oft aus der Kindergruppe selbst. Ein solcher situativer Anlaß sollte immer aufgegriffen werden.

Musik und Bewegung sind für jüngere Kinder und für Kinder mit Sprachschwierigkeiten eine Möglichkeit, sich leichter in der Gruppe zu entspannen. Dadurch entsteht unter anderem eine gute Basis für Gruppenerlebnisse. Spielen auf einfachen

Instrumenten, Singen und Körperbewegungen zu Musik sind gute Möglichkeiten, innere Unruhe, Unausgeglichenheit, Konzentrationsmangel und Aggressivität abzubauen.

Geräuschen folgen

Alter: ab 5 Jahre

Die Kinder bilden Paare, die nacheinander drankommen. Eins der Kinder hat die Augen geschlossen und wird vom anderen durch den Raum geführt, indem es leise in die Hände klatscht. Dabei muss es darauf achten in der Nähe zu bleiben und keine zu großen Schritte zu machen.

1. Variante: Das führende Kind kann auch andere Geräusche benutzen, z. B. Summtöne oder Fingerschnipsen.

2. Variante: Das führende Kind benutzt Orff-Instrumente, z. B. Schlagstäbe oder Triangel

Tierlaute erkennen

Material: Kinderkassette
Alter: ab 5 Jahre

Die Kinder werden in zwei gleich große Gruppen eingeteilt. Jede Gruppe ist ein Tier. Dann wird Musik, z. B. „Hier kommt die Maus" von Stefan Raab, gespielt. Die Kinder bewegen sich so lange frei im Raum, bis die Musik stoppt. Dann finden sie sich so schnell wie möglich zusammen, indem sie den Tierlaut ihrer Gruppe ausstoßen, und bilden einen Kreis. Die Gruppe, die als erste fertig ist und auf dem Boden sitzt, hat gewonnen.

Variante: Die Kinder werden in drei oder vier Gruppen eingeteilt. Der Rhythmus einer Handtrommel bestimmt das Tempo der Bewegung. Hört das Schlagen auf der Handtrommel auf, müssen die Kinder den Tierlaut ihrer Gruppe ausstoßen, zusammenfinden und einen Kreis bilden.

Kopf und Schwanz

Material: Musik
Alter: ab 6 Jahre

Die Kinder stehen hintereinander in einer Reihe und umfassen die Hüften des jeweils vor ihnen Stehenden. Sie sind Küken. Das vorderste Kind ist die Henne. Sie muss versuchen, das letzte Küken in der Reihe zu erreichen. Gelingt ihr das, entsteht ein Kreis und sie hat gewonnen. Gelingt es ihr innerhalb einer bestimmten Zeit nicht, so hat sie verloren und muss sich als Küken hinten anschließen. Aktuelle Unterhaltungsmusik kann das Spiel anfeuern.

Mein Spiegelbild

Material: Beruhigende Musik
Alter: ab 6 Jahre

Die Kinder bilden Paare und stehen voreinander. Das eine Kind steht „vor einem Spiegel", schaut hinein, und macht unterschiedliche langsame Bewegungen, die von Mimik und Gestik begleitet sein können. Das zweite Kind, sein Spiegelbild, hat die Aufgabe, all diese Bewegungen nachzumachen.

Langsame Bewegungsabläufe können durch beruhigende Musik verstärkt werden.

Variante: Die Kinder „vor dem Spiegel" müssen versuchen, vorgegebenen Gefühle und Stimmungen, wie Traurigkeit, Heiterkeit oder Zorn und Ärger, vor ihrem „Spiegel" in Bewegung, Gestik und Mimik umzusetzen.

Der Puppenspieler

Material: Ruhige Musik
Alter: ab 6 Jahre

Die Kinder bilden Paare. Ein Kind legt sich auf Matte oder Decke. Aus ihm wird im Spiel eine Marionette. Das andere Kind wird der Puppenspieler und es versucht, die Marionette zum Aufstehen und Gehen zu bringen, indem es an den unsichtbaren Fäden der Marionette zieht, an den Beinen, den Schultern, dem Kopf, den Füßen.

Nach einer vorher vereinbarten Zeit werden die Rollen getauscht.

Das Spiel kann auch von beruhigender Musik begleitet werden.

Mechaniker und Roboter

Material: Rap oder ähnliche Musik
Alter: ab 5 Jahre

Zwei Kinder sind am Spiel beteiligt. Ein Kind stellt einen Roboter dar, das andere Kind ist der Mechaniker. Der Roboter läuft mit eckigen Bewegungen durch den Raum, der Mechaniker bestimmt durch Antippen der rechten oder linken Schulter die Richtung. Werden beide Schultern angetippt, dann bleibt der Roboter stehen. Erhält der Roboter keine Anweisung, läuft er immer geradeaus. Der Mechaniker muss darauf achten, dass der Roboter mit niemandem in Berührung kommt und auch nicht gegen eine Wand läuft.

Nach einer vorher vereinbarten Zeit werden die Rollen getauscht. Rap oder andere Popmusik, z. B. „Electrica Salsa" von der CD „The sound of synthesizer", soll zu eckigen Bewegungen anregen.

Hut ab

Material: Zeitung , Lied „Hut ab" von „Rolf und seine Freunde
Alter: ab 6 Jahre

Jedes Kind darf sich mit seinem Zeitungshut zur Musik „Hut ab" von „Rolf und seinen Freunden" bewegen und seinen Hut mit einem anderen Kind immer wieder tauschen. Stoppt die Musik, muss jedes Kind einen Zeitungshut aufhaben. Spielt man das Spiel mit einem Hut weniger als Kinder vorhanden sind, scheidet jedesmal nach dem Anhalten der Musik ein Kind aus.

Die Zeitungsseite legen wir senkrecht vor uns auf den Tisch und falten die obere schmale Seite auf die untere. Mit dem Fingernagel werden die Faltkanten sorgfältig nachgestrichen.

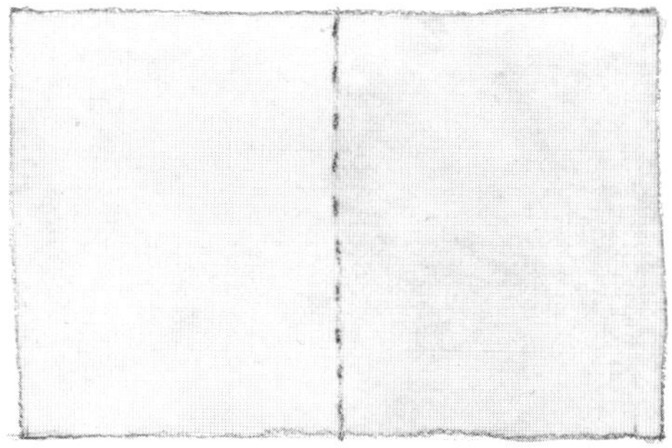

Das Doppelblatt wird zur Hälfte in die andere Richtung gefaltet. Wenn wir die Faltung öffnen, haben wir eine Mittellinie.

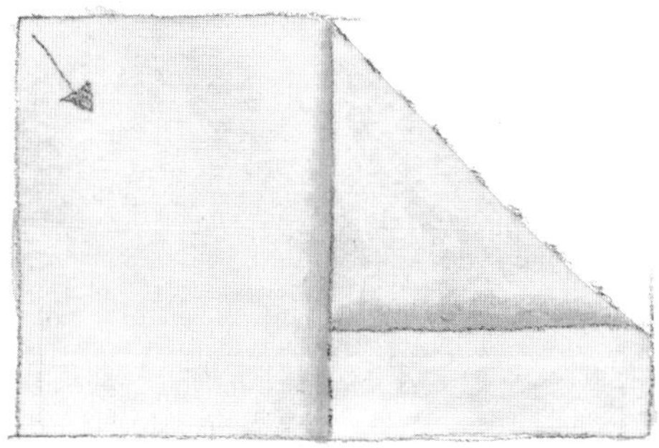

Bis zur Mittellinie werden von den oberen geschlossenen Kanten aus die linke und die rechte Ecke heruntergeklappt. Jetzt stoßen zwei Dreiecke aneinander.

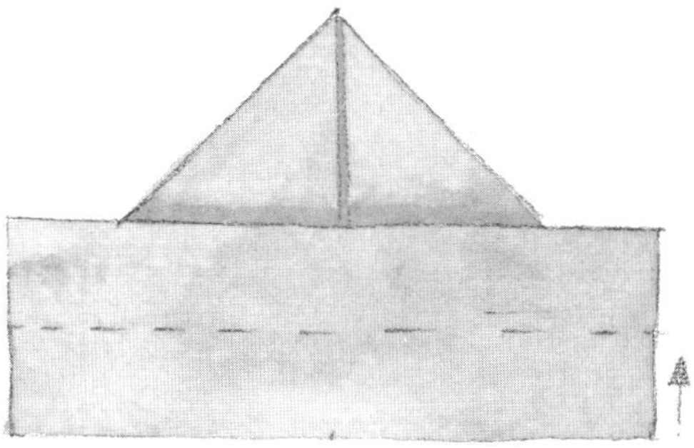

Über die beiden Dreiecke klappen wir die obenaufliegenden Streifen so weit wie möglich nach oben.

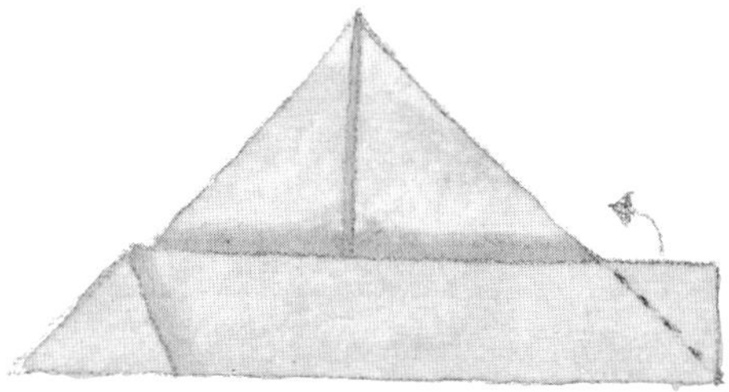

Die Faltarbeit wird gewendet, die überstehenden Papierstreifen werden nach oben geklappt.

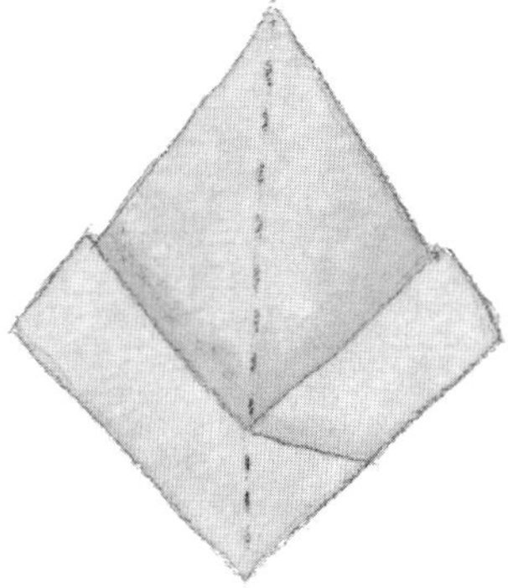

Wenn wir in die Öffnung hineingreifen, können wir eine Dreiecksform auseinander drücken. Die Enden des einen Papierstreifens werden unter den anderen geschoben. Der Zeitungshut ist fertig.

Popcorn

Material: Musik
Alter: ab 6 Jahre

Die Kinder bewegen sich zum Titel „Popcorn" aus der CD „The sound of synthesizer" oder einer anderen geeigneten Musik frei im Raum. Wird die Musik gestoppt, dann müssen die Kinder sich paarweise zusammenfinden und als Popcorn zusammengeklebt (mit den Armen eingehängt) durch den Raum gehen. Dabei können sie einander sich selbst und ihre Hobbys vorstellen. Erst wenn die Musik wieder erklingt, lösen sich die Paare voneinander und das Spiel beginnt erneut. Auch als Kennenlernspiel geeignet.

Schnapp die Kreide

Material: Papierrolle, Wachskreide für jedes Kind, Musik zur Bewegung und zur Entspannung
Alter: ab 8 Jahre

Dieses Spiel ist mit der Reise nach Jerusalem vergleichbar. Eine Papierrolle wird ausgelegt, so dass jedes Kind genügend Platz zum Malen hat. Es liegen so viele Wachskreiden auf dem Tisch wie Kinder am Spiel beteiligt sind. Danach wird Musik, zum Beispiel „Who the f... is Alice" von Smokie, gespielt, nach der sich die Kinder im Raum bewegen.

Wenn die Musik stoppt, muss sich jedes Kind schnell einen Platz suchen und mit seiner Kreide etwas malen. Bei jedem Durchgang wird eine Wachskreide weggenommen. Sieger ist das Kind, das am Schluss noch einen Platz mit einer Wachskreide finden konnte. Nach Beendigung des Spiels kommt die Gruppe zusammen, um das Gemeinschaftsbild zu betrachten. Beim Betrachten kann beruhigende Musik, zum Beispiel „Somewhere" von Bernstein aus der CD „Dreams of classics", gespielt werden.

Entspannungsspiele in Garten und Hof

Viele Einrichtungen haben inzwischen eine anregende Umgebung geschaffen. Und auch in Schulen gibt es Initiativen von Eltern, Schülern und Lehrern, die den Pausenhof freundlicher gestalten. In manchen Kindertagesstätten gibt es regelrechte Bewegungsbaustellen mit Pedalos, Brettspielen, Schläuchen aus LKW-Reifen, Jongliermaterial, Schwungtuch, Rollwagen und vielen anderen Dingen. Solche Materialien bieten natürlich die besten Voraussetzungen für Entspannungsspiele in Garten und Hof.

Aber auch vor der Haustür oder im städtischen Park können die meisten der folgenden Anregungen umgesetzt werden.

Geräusche im Außenbereich

Material: Decke oder Matte
Alter: ab 5 Jahre

Die Kinder nehmen eine Decke oder Matte mit in den Garten oder Hof. Dabei entscheiden sie, ob sie sich auf Decke oder Matte legen oder setzen möchten. Die Augen der Kinder sollen möglichst geschlossen sein. Sie sollen nun die Geräusche des Außenbereichs bewusst wahrnehmen und sich merken. Nach drei bis vier Minuten dürfen sie die Augen wieder öffnen und ihre Hände zu Fäusten ballen. So wird die Entspannung wieder zurückgenommen. Die Kinder recken und strecken sich, richten sich auf und stellen sich hin.

Anschließend berichten sie über die wahrgenommenen Geräusche.

Variante: Die Außengeräusche können mit dem Rekorder aufgenommen und im Raum abgespielt werden.

Bäume spüren

Material: Bäume
Alter: ab 5 Jahre

In Garten oder Hof sollten sich verschiedene Bäume befinden, zu denen die Kinder gefahrlos gehen können. Die Kinder bilden Paare. Eines der Kinder schließt die Augen und wird von dem anderen zu einem Baum geführt. Mit geschlossenen Augen soll es den Baum durch Tasten oder Fühlen wahrnehmen. Nach einer vorher vereinbarten Zeit tauschen die Kinder ihre Rollen. Wenn alle Kinder an der Reihe waren, wird über die gesammelten Erfahrungen gemeinsam geredet.

Naturkästchen

Material: 8 gleiche Schuhkartons, Schere, Klebstoff, Filz
Alter: ab 6 Jahre

Die Kinder sammeln in Hof oder Garten verschiedene Naturmaterialien, wie Kieselsteine, Gras, Sand, Zweige, Zapfen, Blätter, Rindenmulch, Moos und anderes.

Bei jedem Karton wird auf einer Seite ein Fenster ausgeschnitten, so dass eine Kinderhand durchgreifen kann.

Oberhalb des Fensters wird ein Stück Filz angeklebt, der wie ein Vorhang das ganze Fenster verhüllt.

Der Boden eines jeden Schuhkartons wird mit nur einem Naturmaterial bedeckt.

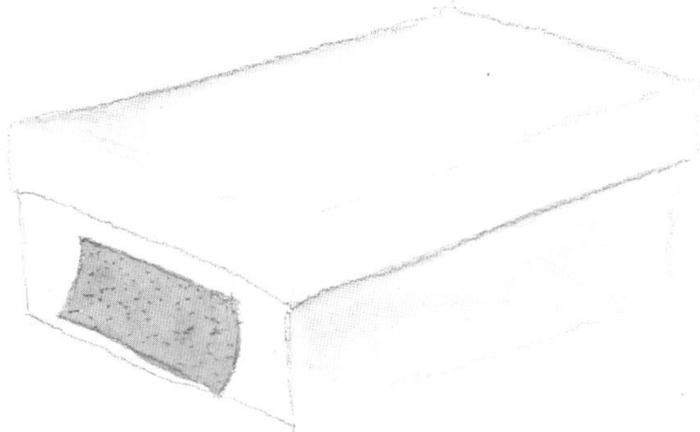

Anschließend wird der Karton mit dem Deckel verschlossen. Alle Kästchen sehen jetzt gleich aus und unterscheiden sich nur durch den Inhalt.

Sind die Naturkästchen fertig, kann folgende Stille-Übung angeschlossen werden:

Nacheinander dürfen die Kinder in die Kartons greifen und die Materialien spüren. Bei dieser Übung können die Augen geschlossen werden. Erst nachdem alle Kinder in die Kästchen gegriffen haben, wird über den Inhalt und seine Eigenschaften gesprochen.

Kreidebilder

Material: geteerter oder betonierter Boden, Kissen, farbige Kreide, Entspannungsmusik, tragbarer Kassettenrekorder
Alter: ab 5 Jahre

Für dieses Mal-Spiel mit Kreide wird ein fester Boden benötigt, daher sind Schulhöfe und die meisten Gehwege besonders geeignet. Jedes Kind erhält mehrere Kreiden mit unterschiedlichen Farben, sucht sich einen Platz zum Malen und setzt sich auf ein Kissen. Die Kinder sollten weder zu dicht beieinander noch zu weit auseinander sitzen. Die Kinder sollen im Bild Stimmungen, Gefühle und Phantasien ausdrücken, die durch Entspannungsmusik in ihnen entstehen. Als Musik eignet sich zum Beispiel „Träume" aus der CD „Harmonie" von Arnd Stein.

Sind die Kinder mit Malen fertig, werden die Bilder betrachtet, und sie dürfen sich zu ihrem Bild äußern.

Beim zweiten Durchgang darf jeweils ein Kind das Bild eines anderen ergänzen. Achten Sie darauf, dass die Kinder wirklich an den Bildern weitermalen. Danach werden die Gemeinschaftsbilder betrachtet und besprochen.

Sandmatschkasten

Material: Kasten aus Holz oder Plastik (ca. 130 lang x 80 breit x 60 cm hoch) und Abdeckplatte, Eimer Wasser und Tasse für jedes Kind, evtl. beruhigende Musik,
Alter: ab 3 Jahre

Das Material für den Sandmatschkasten kann aus dem Baumarkt bezogen werden. Spielen nur zwei bis drei Kinder damit, kann er auch kleiner ausfallen. Wer einen Sandmatschkasten nicht selbst herstellt, kann auch einen Wasser- und Sandspieltisch im Handel beziehen. Damit das Wasser nicht verschmutzt oder der Sand nicht austrocknet, sollten Kasten oder Tisch mit einer Platte abgedeckt werden.

Wasser und Sand sind für Kinder wunderbare Spielmaterialien. Deshalb werden sie auch therapeutisch eingesetzt. Mit dem Sandmatschkasten können die Kinder auch bei ungünstigen Wetterbedingungen taktile Experimente mit Wasser im Raum durchführen. Besonders für behinderte Kinder, denen Sand sonst nicht zugänglich gemacht werden kann, ist der Sandmatschkasten ein Erlebnis.

Im Kasten ist ausreichend Sand vorhanden. Jedes Kind hat genügend Platz zum Matschen, Bauen und Gestalten. Jedes Kind hat einen Eimer mit Wasser zur Verfügung.

Mit einer Tasse kann es das Wasser herausschöpfen und den Sand beliebig anfeuchten. Eventuelkl können Sie Musik zum Entspannen und Wohlfühlen auflegen.

Vielleicht finden sich ja drei oder vier Kinder zu einer Gemeinschaftsarbeit zusammen. Dann sollte am Ende, wenn die Kinder es zulassen, über ihr Werk gesprochen werden.

Ruhespaziergang

Alter: ab 5 Jahre

In einem gemeinsamen Ruhespaziergang Garten oder Hof bewusst zu erleben, Neues und Vertrautes zu entdecken, setzt voraus, dass die Kinder langsam gehen, sich umsehen und auch versuchen nicht zu sprechen. Ganz intensiv soll gelauscht, beobachtet und gefühlt werden. Erst nach einer vorher vereinbarten Zeit trifft sich die Gruppe an einer verabredeten Stelle wieder. Die Kinder können dann über die gemachten Erfahrungen berichten.

Naturmaterialien sammeln

Material: 1 Schale für jedes Kind
Alter: ab 6 Jahre

Jedes Kind erhält eine Schale, in der es Steine, Sand, Zweige, Blätter, Rinde und anderes sammeln kann. Während des Sammelns darf nicht gesprochen werden. Anschließend betrachten die Kinder gemeinsam das zusammengetragene Material. Sie erhalten die Aufgabe, daraus eine Spiellandschaft in der Bauecke zu gestalten. Der Phantasie sind dabei keine Grenzen gesetzt.

Fußerfahrungsweg

Material: verschiedene Naturmaterialien, Spaten, große Plastikplane
Alter: ab 4 Jahre

Zur Herstellung eines Fußparcours im Garten werden unterschiedliche Naturmaterialien, wie Sand, Gras, Moos, Erde, Blätter und Kieselsteine benötigt. Mit einem Spaten wird für jedes der Materialien ein Fußtastbereich von ca 50 x 35 x 6 cm abgegrenzt. Die Kinder gehen mit geschlossenen Augen barfuß über die unterschiedlichen Oberflächen. Alle Kinder sollen bei dieser Übung ganz still sein. Waren alle an der Reihe, dürfen sie sich zu ihren Empfindungen und Erfahrungen äußern. Die Eigenschaften der unterschiedlichen Naturmaterialien sollen benannt werden.

Um den Fußerfahrungsweg vor schlechtem Wetter zu schützen, kann eine feste Abdeckung mit einer Plastikplane hilfreich sein.

Anhang

Literatur

Biermann, Gerd: Autogenes Training mit Kindern und Jugendlichen. Ernst Reinhardt, München 1975

Brenner Helmut: Das große Buch der Entspannungstechniken. Humboldt, München 1989

Breucker, Annette: Schmusekissen, Kissenschlacht. Ökotopia, Münster 1993.

Eberlein, Gisela: Autogenes Training mit Kindern. Econ, Düsseldorf und Wien 1976

Eberlein, Gisela: Autogenes Training für Kinder. Springer, Berlin 1985

Friebel, Volker: Weiße Wolken – Stille Reise. Ruhe und Entspannung für Kinder ab 4. Mit CD oder MC. Ökotopia, Münster 1996

Friedrich, Sabine; Friebel, Volker: Entspannung für Kinder. rororo Nr. 8563, Reinbeck 1990

Friebel, Volker; Erkert, Andrea; Friedrich, Sabine: Kreative Entspannung im Kindergarten. Lambertus, Freiburg i.Br. 1993

Hering, Wolfgang: Aquaka della oma. 88 alte und neue Klatsch- und Klanggeschichten. Mit CD. Ökotopie, Münster 1998

Krowatschek, Dieter; Zuzak, Ulrike: Entspannung in Kindergarten und Grundschule. AOL-Verlag, Lichtenau 1995

Kruse, Peter; Pavlekovic, Boris; Haak, Klaus: Autogenes Training. Falken Verlag, Niedernhausen 1992

Müller, Else: Auf der Silberlichtstraße des Mondes. Fischer Tb 3363, Frankfurt/M. 1990

Müller, Else: Inseln der Ruhe. Kösel Verlag, München 1994

Müller, Else: Träumen auf der Mondschaukel. Kösel Verlag, München 1993

Postmeyer, Bernhard: Jugend hilft sich selbst. Echter Verlag, Würzburg 1975

Rücker-Vogler, Ursula: Yoga und autogenes Training mit Kindern. Don Bosco Verlag, München 1989

Musik

Sicher haben Sie selbst Lieblingsmusik, die Sie bei den Entspannungsübungen und Stille-Übungen einsetzen wollen. Es gibt inzwischen eine fast unüberschaubare Fülle von CDs mit entspannender und meditativer Musik. Mit den folgenden Vorschlägen habe ich selbst Erfahrungen gemacht.

Di Rienza, René: Entspannung im Kindergarten und Grundschule. AOL-Verlag

Evans, Gomer Edwin: Sleeptime. Onread Music 1987

Friebel, Volker: Weiße Wolken – Stille Reise. Ruhe und Entspannung für Kinder ab 4 Jahren. Buch mit CD oder MC. Ökotopia 1996

Jöcker, Detlev: Kinderträumeland. Menschenkinder Verlag

Kamal: Reiki – Musik für Heilsame Berührungen. Meistersinger Musik 1995

Karunesh: Heart Symphony. Meistersinger Musik 1991

Shanti, Oliver: Well balanced. Satlava Music 1995

Stein, Arnd: Harmonie. Verlag für therapeutische Medien 1992

Stein, Arnd: Naturgeräusche. Verlag für therapeutische Medien 1992

Die Autorin

Andrea Erkert, Erzieherin, leitet einen fünfklassigen, interkulturellen Kindergarten und ist in der Fortbildung für Eltern und Pädagogen im In- und Ausland tätig.

1993 erschien das Buch „Kreative Entspannung im Kindergarten" (gemeinsam mit Sabine Friedrich und Volker Friebel).

Die Illustratorin

Yvonne Hoppe-Engbring, Grafik-Designerin, Mutter von Zwillingen, ist seit neun Jahren freie Illustratorin.

Ihre Bilder erscheinen in Büchern unter anderem bei Mann, Patmos und Ökotopia.

Alle Übungen und Spiele auf einen Blick

Mit-Spiel-Lieder und Bücher aus dem Ökotopia Verlag

Hafenweg 26 · D-48155 Münster

Reinhold Pomaska

Gitarrenschule und Kinderlieder

An einem Abend Gitarrenbegleitung lernen

ISBN (Buch incl. CD): 3-931902-10-2

G. Schreiber – P. Heilmann

Karibuni Watoto

Spielend Afrika entdecken

ISBN (Buch): 3-931902-11-0
ISBN (CD): 3-931902-12-9

Annette Breucker

Da ist der Bär los...

Kooperative Mit-Spiel-Aktionen für kleine und große Leute ab 3 J.

ISBN: 3-925169-24-5

Monika Schneider

Gymnastik-Spaß für Rücken und Füße

Gymnastikgeschichten und Spiele mit Musik für Kinder ab 5 Jahren

ISBN (Buch incl. CD): 3-931902-03-X
ISBN (Buch incl. MC): 3-931902-04-8

W. Hering

AQUAKA DELLA OMA

88 alte und neue Klatsch- und Klanggeschichten

ISBN (Buch): 3-931902-30-7
ISBN (CD): 3-931902-31-5

Wolfgang Hering

Kinder leichte Kanons

Zum Singen, Spielen, Sprechen und Bewegen

ISBN (Buch incl. CD): 3-925169-90-3
ISBN (nur Buch): 3-925169-91-1
ISBN (MC): 3-925169-92-X

Gisela Mühlenberg

Budenzauber

Spiellieder und Bewegungsspiele für große und kleine Leute

ISBN: 3-925169-41-5
dazu **MusiCassette ISBN:** 3-925169-63-6

Sabine Hirler

Kinder brauchen Musik Spiel und Tanz

Bewegt-musikalische Spiele, Lieder und Spielgeschichten für Kinder

ISBN (Buch): 3-931902-28-5
ISBN (CD): 3-931902-29-3

Ilonka Breitmeier

Von Krokodilen und ganz anderen Ungeheuerlichkeiten

Ermutigende und hilfreiche Geschichten für Kinder ab 4 Jahren

ISBN (Buch): 3-931902-16-1
ISBN (MC Traumzeiten) mit Schlafliedern: 3-931902-17-X

M. Beermann - A. Breucker

Tänze für 1001 Nacht

Geschichten, Aktionen und Gestaltungsideen für 15 Kindertänze ab 4 Jahren

ISBN (Buch incl. CD): 3-925169-82-2
ISBN (nur Buch): 3-925169-86-5
ISBN (nur MC): 3-925169-83-0

Volker Friebel

Mandalareisen mit Kindern

Naturmeditationen, Wahrnehmungsübungen, Fantasiereisen und Malvorlagen

ISBN (Buch incl. CD): 3-931902-32-3

Volker Friebel

Weiße Wolken – Stille Reise

Ruhe und Entspannung für Kinder ab 4 Jahren.
Mit vielen Geschichten, Übungen und Musik

ISBN (Buch incl. CD): 3-925169-95-4
ISBN (Buch incl. MC): 3-925169-94-6